仮扉

ヨベル新書
059

牧師の読み解く般若心経

東京基督教大学教授・副学長・神学部長
大和昌平［著］

YOBEL,Inc.

二〇一〇年十月に発行した『牧師の読み解く般若心経』を底本とし、新書判に組み替えたものです。

新書版まえがき

世の中は空しきものと知る時しいよよますます悲しかりけり
大伴旅人《おおとものたびと》『万葉集』第五巻七九三

遠く太宰府にまで伴った妻をそこで亡くした万葉歌人は、この世の空しさをありありと知らされて、悲しさは募るばかりだと哀切に詠いました。

古代インドが生んだ仏教という宗教は、その人生の無常を直視しようとしました。

諸行無常、諸法無我、

一切皆苦、涅槃寂静。

四法印《しほういん》として定型化される仏教の基本信条は、この現象世界は移りゆくものであることを観想することによって、心の安らぎにいたるべきだと述べています。紀元一世紀に始まった大乗仏教運動において、この基本信条は空《くう》という概念に据え直されます。般若経典群はこの空が何であるかを説いています。

般若心経は般若経典群の中でひときわコンパクトな経典であり、今も日本では格別な人気を博しています。しかし、専門家の間では般若心経の出自に疑問がもたれてきました。また、般若心経は空を説く経典なのか、末尾にあるマントラ（真言）を核とした密教経典なのかとの研究者の議論も収束しません。

本書は、キリスト者として仏教の核心をなす空に向かい合うべく、『般若心経』を読み解く形で書きました。最初は二〇〇七年に実業之日本社から『牧師がよみとく般若心経の謎』として上梓しました。当時、京都聖書教会の牧師でありましたので、そのような題をつけて、般若心経の謎解きらしきものも試みてみました。

現在は東京基督教大学に奉職していますが、キリスト教出版社のヨベルから『牧師の読み解く般若心経』として二〇一〇年に出しました。今回はヨベル新書の一冊に加えられることを嬉しく思っています。

生きることにつきまとう虚しさに、空の概念をもって答えようとした仏教に、キリスト者としてどのように向かい合い、どう対話していくべきなのか。この本で考えようとしました私自身の問いは、今も変わらず大切にしています。

敗戦後七〇年の節目の夏に（二〇一五年八月）

大和昌平

新版まえがき

神は、ひとりの人からすべての国の人々を造り出して、地の全面に住まわせ、それぞれに決められた時代と、その住まいの境界とをお定めになりました。これは、神を求めさせるためであって、もし探り求めることでもあるなら、神を見いだすこともあるのです。確かに、神は、私たちひとりひとりから遠く離れてはおられません。（使徒の働き17章26～27節）

紀元前六～五世紀は人類思想と呼ぶべきものが出揃った不思議な時代で、ギリシアにはソクラテスやプラトンが、インドにはゴータマが、中国には孔子が出ました。イスラエルは亡国の苦難の時代に預言者たちを輩出しました。この時代を哲学者カール・ヤスパースは「枢軸の時代」と命名しています。

仏教を起こしたゴータマ・ブッダは、隣にいる人がなぜ苦しまなければならないのかを解こうとした人です。病むこと、老いること、死ぬこと、生まれてくることも苦しみではないか、という深刻な人生への問いです。生老病死に苦しむ人への思いやり、すなわち慈悲が、仏教という宗教の出発点であると私は思います。そしてゴータマのいう慈悲と、聖書が語るアガペーの愛、すなわち神の慈しみは、仏教とキリスト教がもっとも接近した思想であると言うことができます。

慈悲に立って、人の苦しみの解決を求めたゴータマの方法は、哲学的な瞑想を中心とした修行でした。その瞑想の中で、この世界にあるものはすべて無常なものであると彼は覚ったのです。これが「諸行無常」と表現される仏教の基本思想です。紀元一世紀に始まる仏教の改革運動において、この思想は「空」という概念で捉えなおされるのですが、それを説いた経典が般若経でした。大乗経典の走りとしての膨大な般若経を凝縮させたエッセンスが般若心経であると言うことができます。ですから、般若心経を読み解こうとすることは、ある意味で仏教そのものに向かい合うことになります。それをキリスト教の牧師が行うことは、仏教とキリスト教が響き合うところを求め、また明らかに異なる響きを聞き分けるという作業になります。

実業之日本社から二〇〇七年七月に出版された『牧師が読みとく般若心経の謎』は、一風変わった仏教書として一般書店で二年半販売されました。一般書ですから、キリスト教の立場から優劣を論じるような書き方はできません。あくまで般若心経を読み解くものとして、それをキリスト教の牧師が行った本として書きました。

その前に、『クリスチャン新聞・福音版』に二〇〇二年五月から二〇〇五年四月まで、私は「牧師の般若心経談義」を三六回連載しました。これは伝道目的のコラムです。この連載を元に、一般書として書き下ろしたものが『牧師が読みとく般若心経の謎』でした。足掛け三年かけて、ほぼ全体を書き直しました。

この度は、キリスト教出版社（株）ヨベルから『牧師の読み解く般若心経』を新版として出すことになりました。若干の訂正はしましたが、内容はほぼそのままです。現在私は牧師職から、東京基督教大学で神学部教員としての働きに移りましたが、牧師としての心はそのままです。これは京都で伝道する牧師として般若心経を読み解きながら、仏教という宗教に向かい合った私の記録です。牧師としてのその時の記述をそのままにしています。そしてこれを、今度は一風変わったキリスト教書として出させていただきます。

実は、牧師が般若心経を読み解く枠組みの説明として聖書とキリスト教の基本を書き、伝道説教にあたる内容も書き込みました。客観的な般若心経の読み解きに努めましたが、最終章は聖書のことばに専ら展開しました。

口幅ったい言い方ですが、キリスト者として仏教という宗教に正面から向かい合ってみようと思われる方に読んでいただけたら、と願っています。客観的に仏教を学ぶことによって、みずからのキリスト教信仰がよりはっきりしたものになる。これが私の経験であり、確信です。また、般若心経を愛読される方で、キリスト教の聖書とは何なのかに多少興味をもたれる方のお手元に渡れば、とも願っています。聖書はキリスト教の「お経」であり、般若心経に響き合うところ多々ある不思議な書物だからです。

二〇一〇年一〇月

大和昌平

初版まえがき（実業之日本社版）

遠い記憶をたどってみると、仏壇の前で読経《どきょう》する祖母のうしろに座り、お経を空《そら》で唱《とな》えている子どもの私がいます。浄土真宗の熱心な信者であったこの祖母に連れられて、日曜日のお寺参りにも行きました。本堂の隅で絵本を見ながら、真宗の説教を聞くともなく聞いていました。「お寺参りの七つ道具は何でしょうか」と説教者が問いかけて、最後の七つ目に「飴玉」と言った途端、一座は爆笑とともになごやかな雰囲気に包まれたことを覚えています。祖母に躾けられた「お念仏」が、私の宗教との最初の出あいでした。

大阪市内で過ごした小学生時代には、夕暮れになってボールが見えなくなるまで運動場でサッカーボールを蹴っていたことが、なつかしい思い出としてあります。しかし、私を可愛がってくれた叔父が仕事中の事故のために三十過ぎで亡くなり、その二年後に従姉が病《やまい》のために二十歳で亡くなったことは、あまりに重い出来事でした。葬儀の様子などは異様な鮮明さで心に焼き付いています。中学に上がる前に、父の仕事のために大阪市近郊の岸和田市に転居しました。その城下町で高校一年の時、初めてキリスト教会の門をたたきました。友人に誘われて市民会館に映画を観《み》にいったのがきっかけで、岸和田聖書教会に通うようになったのです。高校生クラスがあり、同世代の仲間がいました。（編注：少年時代をエッセイ風にまとめてユニークな『追憶と名言によるキリスト教入門』が二〇一二年に発行されています。）

「わたしが道であり、真理であり、いのちなのです。」（ヨハネの福音書14章6節）

イエス・キリストのこのことばに触れた時、自分の知らなかった聖なるお方がおられるのではないかと思い、強く心がひかれたのです。私は高校時代に洗礼を受け、将来は牧師になりたいと漠然と思うようになりました。

大学生時代に、牧師で親鸞《しんらん》の講義をされる方に出会いました。大学卒業後、二年間の会社勤めを辞めて、その先生が仏教の講義もされている東京キリスト教学園の東京基督《キリスト》神学校に入学し、牧師を目指すようになったのは二十五歳の時でした。

二十八歳で京都市北区にある京都聖書教会の牧師となり、今日まで二十余年間にわたり、牧師として働いています。また、牧師になると同時に佛教大学の仏教学科に編入学し、仕事の傍《かたわ》ら仏教学を学び始めました。大学院を終えてから十年ほど、母校の東京キリスト教学園で非常勤教員として仏教の講義をしてきました。

二年前から東京キリスト教学園の東京基督教大学で専任教員として働くことになり、後任牧師への引継ぎまでは京都聖書教会の牧師を続けることにしました。新幹線で往復しながら、火曜から木曜は大学に勤務し、金曜から日曜は教会で働く。あと二年は、このような移動生活を続けていく予定です。

牧師として仏教を学ぶ中で、私は「般若心経《はんにゃしんぎょう》」に強い関心を持つようになりました。まず、国民的な人気を博し、尊崇《そんすう》を受ける「般若心経」が、仏教のエッセンスをぎっしりと内蔵していたからであります。しかしまた、この著名な経典には、もう一つの読み方があってもよいのではないかと思うに至りました。アメリカの仏教学者の「般若心経」に関する新しい仮説を知ったからです。意外なことに、現代の仏教学はキリスト教国で始まっています。十八世紀のドイツやイギリスにおいて、聖書学などの西洋古典学の手法で初めて仏教の原典研究が始まったのです。それまでの日本の仏教学は、ずっと中国で翻訳された漢訳経典を資料としてきました。二人の日本人留学僧がイギリスのオックスフォード大学に留学したのを嚆矢《こうし》として、現在も大学でインド仏教学を講じる教員の多くは、キリスト教国に留学するのです。

アメリカは仏教学の〝新興国〟なのですが、そこから「般若心経」の興味深い新説が出ました。

ジャン・ナティエ（Jan Nattier）という仏教学者が、長年「般若心経」の謎とされてきたことに、一つの答えを提案しています。玄奘《げんじょう》訳とされる「般若心経」は、まず中国語で書かれたもので、そこから逆にインドのサンスクリット語に還元されるように翻訳されたものであるというのです。突飛《とっぴ》に思われるかもしれませんが、この視点を得ることによって私は、「般若心経」への魅力が大いに増しました。

仏教学を学んだキリスト教の牧師の視点から、「般若心経」を読みといてみたい。そんな願いが実現しまして、ここに『牧師が読みとく般若心経の謎』を出させていただくことになりました。住み慣れた教会堂の牧師室や静まり返った夜のキャンパスの研究室、また新幹線の車中で原稿を書き継ぎました。

この本を手に取って読んでくださる方が、このような歩みをしてきた私と、どこかで心響き合う経験を持っていただければと、心ひそかに願っております。こんな「般若心経」の読み方もあったのかと思っていただけたら……。これは、僭越《せんえつ》な願いかもしれません。

父を天に送って五年の節目に（二〇〇七年七月）

大和昌平

牧師の読み解く般若心経

＊

もくじ

第二章　キリスト教の「救い」と仏教の「覚り」　57

般若心経をより深く知るために、キリスト教と聖書をもっと理解してほしい

以無所得故　菩提薩埵　依般若波羅蜜多故　心無罣礙　無罣礙故　無有恐怖
遠離一切転倒夢想　究竟涅槃
三世諸佛　依般若波羅蜜多故　得阿耨多羅三藐三菩提

第八章　掲帝掲帝の「マントラ」に込められた智慧

低い声で唱え続ければ精神が統一し、〈空〉の本質が見えてくる

【解説する経文】　故知般若波羅蜜多　是大神呪　是大明呪　是無上呪　是無等等呪
能除一切苦　真実不虚　故説般若波羅蜜多呪　即説呪曰

【コラム】

◎本文中の太い文字になっている言葉には、注釈があります。
◎本文中の仏教用語 空 は〈空〉と表記しています。
◎本書で参照した聖書は以下の通りです。
『新改訳 聖書』（日本聖書刊行会）、『新共同訳 聖書』（日本聖書協会）、『文語訳 聖書』（日本聖書協会）

般若波羅蜜多心経　唐三蔵法師玄奘訳

観自在菩薩　行深般若波羅蜜多時　照見五蘊皆空　度一切苦厄
舎利子　色不異空　空不異色　色即是空　空即是色　受想行識　亦復如是
舎利子　是諸法空相　不生不滅　不垢不浄　不増不減　是故空中
無色無受想行識　無眼耳鼻舌身意　無色声香味触法　無眼界乃至無意識界
無無明亦無無明盡　乃至無老死　亦無老死盡　無苦集滅道　無智亦無得
以無所得故　菩提薩埵　依般若波羅蜜多故　心無罣礙　無罣礙故　無有恐怖
遠離一切転倒夢想　究竟涅槃
三世諸佛　依般若波羅蜜多故　得阿耨多羅三藐三菩提
故知般若波羅蜜多　是大神呪　是大明呪　是無上呪
是無等等呪　能除一切苦　真実不虚故　説般若波羅蜜多呪　即説呪曰
揭帝揭帝　般羅揭帝　般羅僧揭帝　菩提僧莎訶　般若波羅蜜多心経

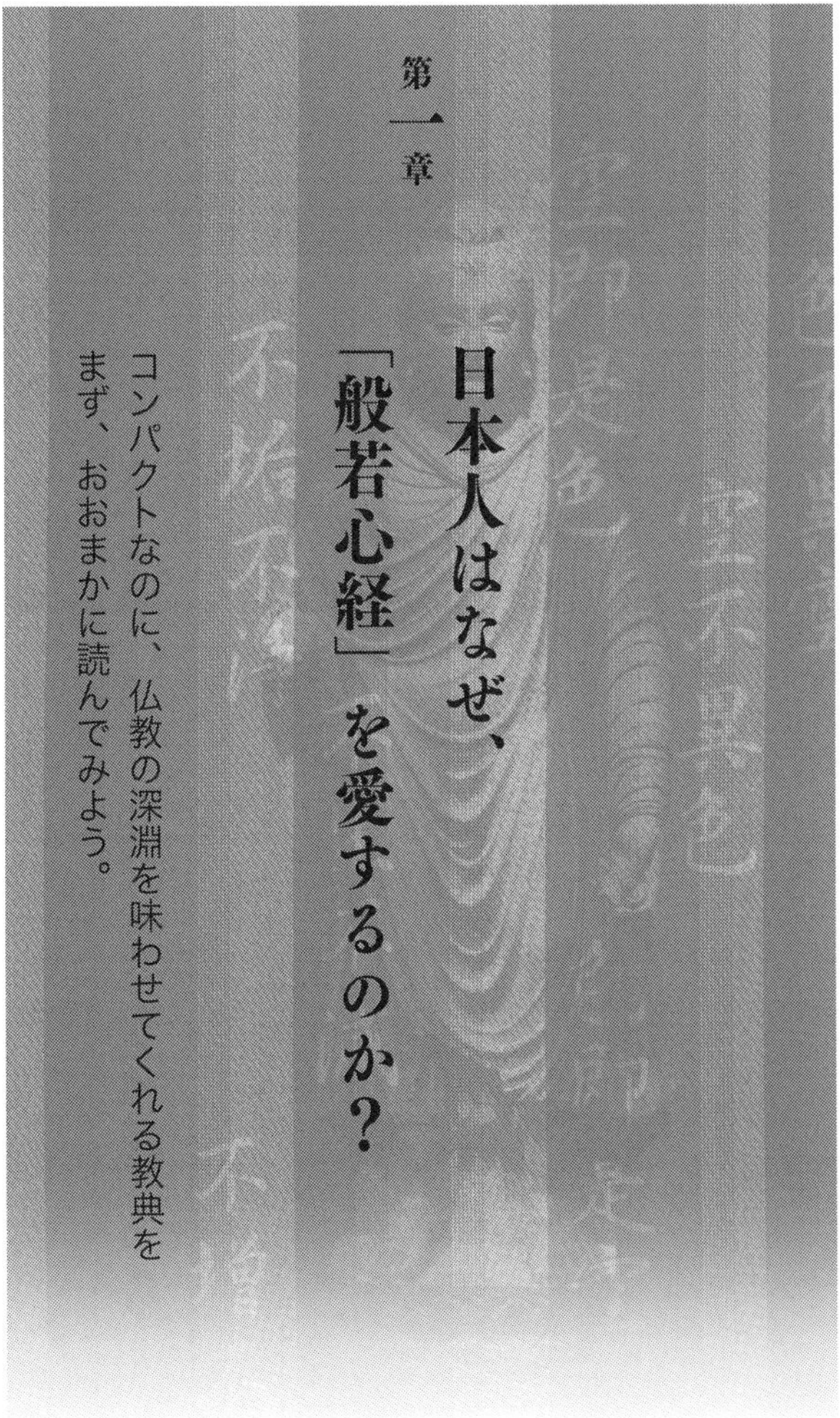

第一章

日本人はなぜ、「般若心経」を愛するのか？

コンパクトなのに、仏教の深淵を味わせてくれる教典を
まず、おおまかに読んでみよう。

色、形のあるものはすべて、〈空〉である

般若心経《はんにゃしんぎょう》ほど、日本人が好む経典はありません。その魅力を探る前に、般若心経の原文と読み下し、現代語試訳を紹介しておきたいと思います。

◎——唐三蔵法師玄奘訳《とうさんぞうほうしげんじょうやく》「般若波羅蜜多心経《はんにゃはらみたしんぎょう》」

観自在菩薩《かんじざいぼさつ》　行深般若波羅蜜多時《ぎょうじんはんにゃはらみたじ》

照見五蘊皆空《しょうけんごうんかいくう》　度一切苦厄《どいっさいくやく》

●玄奘訳読み下し

観自在菩薩、深般若波羅蜜多を行じし時、五蘊皆空なりと照見し、一切苦厄を度したまえり。

●現代語試訳

観自在菩薩（観世音菩薩あるいは観音とも言う。主に法華経にくわしく語られており、般若経に登場するのは異例。）は、深遠な智慧《ちえ》の完成なる行を実践している時、五蘊は本質において空《くう》であると明らかに見て、すべての苦しみや災厄《さいやく》を取り除いた。

◎――唐三蔵法師玄奘訳「般若波羅蜜多心経」

舎利子《しゃりし》　色不異空《しきふいくう》　空不異色《くうふいしき》　色即是空《しきそくぜくう》

空即是色《くうそくぜしき》　受想行識《じゅそうぎょうしき》　亦復如是《やくふにょぜ》

●玄奘訳読み下し

舎利子よ。色は空に異ならず、空は色に異ならず。色は即ちこれ空、空は即ちこれ色なり。

受想行識もまたかくの如《ごと》し。

●現代語試訳

舎利子よ（実在のゴータマの弟子。舎利弗、シャーリプトラ（Sāriputra）とも言う。詳しくは、第六章・一九一頁。）。形あるものは空なるものに他ならず、空なるものは形あるものに他ならない。形あるものは空なるものである。空なるものこそ形あるものである。このように感受作用も、表象作用も、意志作用も、認識作用もまた空なるものである。

◎——唐三蔵法師玄奘訳「般若波羅蜜多心経」

舎利子《しゃりし》　是諸法空相《ぜしょほうくうそう》　不生不滅《ふしょうふめつ》
不垢不浄《ふくふじょう》　不増不減《ふぞうふげん》　是故空中《ぜこくうちゅう》
無色無受想行識《むしきむじゅうそうぎょうしき》　無眼耳鼻舌身意《むげんにびぜっしんい》

無《む》色声香味触法《しきしょうこうみそくほう》　無《む》眼界乃至無意識界《げんかいないしむいしきかい》

●玄奘訳読み下し

舎利子よ。是の諸法は空相にして、生ぜず、滅せず、垢ならず、浄ならず、増さず、減らず。この故に空中には、色も無く、受も想も行も識も無く、眼も耳も鼻も舌も身も意も無く、色も声も香も味も触も法も無し。眼界も無く、乃至、意識界も無し。

●現代語試訳

舎利子よ。このようにすべての存在は空という性質を持ち、生じるのでもなく、滅するのでもなく、汚れたものでもなく、汚れを離れたものでもなく、増すのでもなく、減るものでもない。それゆえに、空なるものにおいては形あるものは無いし、感受作用も、表象作用も、意志作用も、認識作用も無い。

眼も、耳も、鼻も、舌も、身体も、心も無く、形も、声も、香も、味も、触れられる対象も、心の対象も無い。眼による認識の領域から、心による認識の領域に至るまですべて無い。

◎——唐三蔵法師玄奘訳「般若波羅蜜多心経」

無《む》無《む》明《みょう》 亦《やく》無《む》無《む》明《みょう》盡《じん》 乃《ない》至《し》無《む》老《ろう》死《し》
亦《やく》無《む》老《ろう》死《し》盡《じん》 無《む》苦《く》集《しゅう》滅《めつ》道《どう》 無《む》智《ち》亦《やく》無《む》得《とく》
以《い》無《む》所《しょ》得《とく》故《こ》 菩《ぼ》提《だい》薩《さっ》埵《た》 依《え》般《はん》若《にゃ》波《は》羅《ら》蜜《み》多《た》故《こ》
心《しん》無《む》罣《けい》礙《げ》 無《む》罣《けい》礙《げ》故《こ》 無《む》有《う》恐《く》怖《ふ》
遠《おん》離《り》一《いっ》切《さい》転《てん》倒《どう》夢《む》想《そう》 究《く》竟《きょう》涅《ね》槃《はん》
三《さん》世《ぜ》諸《しょ》佛《ぶつ》 依《え》般《はん》若《にゃ》波《は》羅《ら》蜜《み》多《た》故《こ》 得《とく》阿《あ》耨《のく》多《た》羅《ら》三《さん》藐《みゃく》三《さん》菩《ぼ》提《だい》

●玄奘訳読み下し

無明も無く、また、無明の盡《つ》くることも無し。乃至、老死も無く、また、老死の盡《つ》くることも無し。苦も集も滅も道も無く、智も無く、また、得も無し。得る所無きを以《もっ》ての故《ゆえ》に菩提薩埵は、般若波羅蜜多に依《よ》るが故に、心に罣礙無し。罣礙無きが故に、恐怖有ること無く、一切の転倒夢想を遠離して、**涅槃**（欲望の火が吹き消され、一切の迷いから脱した境地。）を究竟す。三世諸佛も般若波羅蜜多に依るが故に、阿耨多羅三藐三菩提を得たり。

●現代語試訳

迷いも無く、迷いが尽きることも無い。そのことに始まり、老死の苦しみまでも無く、老死の苦しみが尽きることまでも無い。苦しみとその原因、苦しみを滅することと、そのための道も無い。知ることも、得ることも無い。心が囚われていないから、菩薩《ぼさつ》は智慧《ちえ》の完成なる行《ぎょう》に依って、心に妨げが無い心に妨げが無いゆえに、恐れが無く、すべての誤った考えから離れて涅槃の安らぎに達している。

過去・現在・未来の仏たちは、智慧の完成なる行に依って、これ以上ない完全な覚りを得た。

◎――唐三蔵法師玄奘訳「般若波羅蜜多心経」

故知般若波羅蜜多《こちはんにゃはらみた》　是大神呪《ぜだいじんしゅ》　是大明呪《ぜだいみょうしゅ》

是無上呪《ぜむじょうしゅ》　是無等等呪《ぜむとうどうしゅ》　能除一切苦《のうじょいっさいく》
真実不虚故《しんじつふここ》　説般若波羅蜜多呪《せつはんにゃはらみたしゅ》　即説呪曰《そくせつしゅわつ》

●玄奘訳読み下し

故に知るべし。般若波羅蜜多はこれ大神呪なり、これ大明呪なり、これ無上呪なり、これ無等等呪なり。能く一切の苦を除く。真実にして虚ならざるが故に。般若波羅蜜多の呪を説く。即ち呪を説いて曰わく。

●現代語試訳

ゆえに知るべきである。智慧の完成なる行を意味する般若波羅蜜多は、大いなる**マントラ**（元来は古代インドにおける神々への呼びかけや祈願の句がマントラ（mantra）であり、その言葉そのものに神聖な力が宿っていると考えられた。これが仏教の密教に取り入れられ、中国では、「真言」と呼ばれるようになる。）であり、大いなる智慧のマントラであり、この上なきマントラであり、並ぶもののなきマントラである。これは真実であって虚妄《こもう》なものではないゆえに、すべての苦しみから解放することができる。智慧の完成なる行のマントラを以下のごとく説《と》く。

◎——唐三蔵法師玄奘訳「般若波羅蜜多心経」

掲帝掲帝《ぎゃていぎゃてい》　般羅掲帝《はらぎゃてい》　般羅僧掲帝《はらそうぎゃてい》　菩提僧莎訶《ぼじそわか》

●玄奘訳読み下し

掲帝掲帝　波羅掲帝　波羅僧掲帝　菩提薩婆訶

●現代語試訳

往《い》きたる者よ。往きたる者よ。彼岸に往きたる者よ。完全に往きたる者よ。覚《さと》りよ。幸いあれ、と。

◎般若心経人気はコンパクトさにあり

般若心経ほどポピュラーな仏教経典は、ほかにないでしょう。浄土真宗と法華宗、日蓮宗以外のほとんどすべての仏教宗派で尊重されているばかりではありません。手拭いやネクタイから茶碗に至るまで、般若心経の漢字二百六十二文字はそのまま意匠（デザイン）として使用されるほどです。

写経をすると言えば、それはまず般若心経を墨と筆で写すのが普通です。大きな書店には、必ずと言っていいほど般若心経本コーナーがあります。それだけ般若心経本の読者層は厚く広いのでしょう。もはやこれは国民的人気と言うべきであって、仏教経典の枠を超えています。かく言う私もキリスト教の牧師として仏教学を少し学んできた結果、般若心経についてまず書いてみたいと思うに至ったのですから、その威力は絶大と言わなければなりません。ではなぜ般若心経、なのでしょうか。

般若心経人気の理由の第一は、仏教経典のあまりの膨大さに対して見事にコンパクトであることだと思います。

大きな図書館に行けば、大正新修大蔵経百巻が書架に並んでいるのを見ることができます。ずっしりと持ち重りのする一巻を開いただけでも、これは一般人の近づける世界ではないと痛感します。この圧倒的な仏典の存在感の前で立ち尽くす人にとって般若心経は、願ってもない入口です。それにしても、なんとコンパクトな経典なのかと、感嘆するばかりです。それでいて、般若心経は仏教経典の深淵な世界を垣間見せてくれます。それが般若心経の魅力の第一でしょう。

般若心経の魅力の第二は、読み上げるのに適していることです。般若心経は声に出して読み上げる、それも暗誦するのにぴったりの経典なのです。それが多くの人に親しまれ、愛される理由に違いありません。さらに、「掲帝掲帝」に始まるマントラで、般若心経は締めくくられます。まさに、繰り返し読み上げるために作られたかのような経典と言えます。

般若心経の魅力は、愛唱歌のそれに近いのかもしれません。

いつでも口ずさみ、そのリズムに慣れ、「色即是空、空即是色」のフレーズに心を添わせていくことができる。仏教の経典を机の上で開くのとは違った親しみ、それが般若心経の魅力の第三に挙げられます。般若心経がここまで愛されるのは、その親しみやすさにあります。実は仏教教義の中核をなすほど深い内容を持っているにもかかわらず、愛唱できる親しさがあり、軽みがある。これは数多くの仏教経典が持っていない、特異な魅力だと言えるでしょう。難解な重い内容を軽く出すこと。たとえば、山田洋次監督が渥美清を擁して寅さん映画で表現したような手際は、なかなか真似のできるものではありません。仏教の中核思想を愛唱歌のような親しみやすさを持って表現していること、般若心経のダントツ人気の秘密は、そのあたりにありそうです。

◎般若心経は徹底して、〈空〉を説く

般若心経の魅力はコンパクトで、いつでも口ずさむ愛唱歌のような親しみやすさにあると申し上げました。もう一点魅力をあげるなら、コンパクトな経典ながら、〈空〉の教えを中心として仏教要

語が網羅《もうら》されていることです。私なども牧師の視点から仏教について語ろうと思った時、般若心経を扱うなら仏教全体をある意味でカバーすることができると考えたわけです。つまり、般若心経は凝縮された仏教綱要でもあって、ほとんどの宗派によってこの経典が尊重される理由も、そこにあるのかもしれません。

この般若心経の内容には、ポイントが二つあります。〈空〉の教えを説いていることと、マントラを備えていることです。般若心経を解釈する立場は、この二つのポイントのどちらを強調するかで大きく二手に分かれてきました。そんなことは、般若心経を心から愛する人にとっては大きな問題ではありません。ただ、般若心経をもっと深く理解し、大きな智慧を得たいとするなら、般若心経は空を説く大乗経典であると見るか、マントラを備えた密教経典であると見るかは考えてもいいポイントです。

般若心経は、教えとしては初期大乗経典の中核をなす〈空〉を説いている経典です。「色即是空、空即是色」のフレーズは大変に有名ですが、「色形あるものは、人間は、そして世界は空である」と宣言しています。ただし空であるとは、何も無いと言っているわけではありません。有るのだけれども、いつまでも変わらずに有るのではないと言っているのです。いつまでも変わらずに有るものを、哲学では実体と言います。だから、仏教の立場は実体論批判であると言うこともできるでしょ

五蘊《ごうん》とは、人間を表す五つのもの

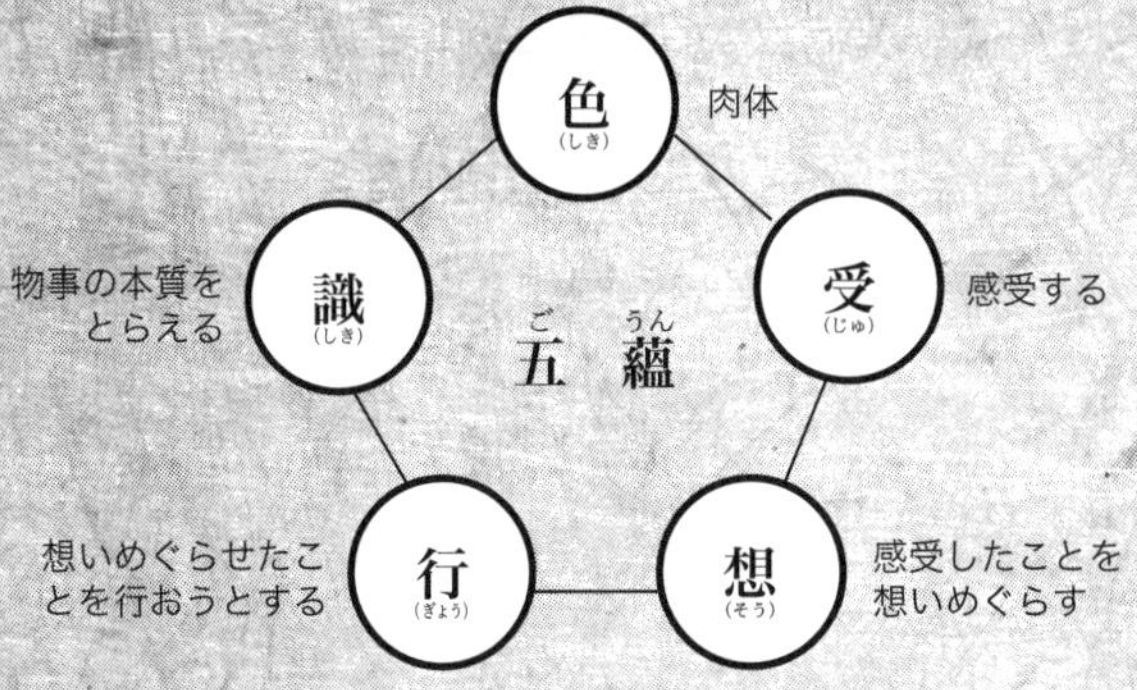

日本の仏教宗派は「般若心経」を、どう利用しているか？

真言宗	読誦、観誦（お経を唱える）の対象。通常の行事に使用
天台宗	「根本法華」として重視
浄土宗	食事などの際に唱える
臨済宗	通常の行事に使用
曹洞宗	通常の行事に使用
修験道	修験者（山伏などの行者）が行を行う際に唱える

神道でも唱えるところがある。古来より『般若心経』は悪霊を祓う真言として、愛唱されてきた。

ただし、浄土真宗は『浄土三部経』を、日蓮宗や法華経は『妙法蓮華経』を根本経典としているため、『般若心経』を唱えない。

う。世界は常に移り行くものとしてそこにあるのであって、それ以上のものは存在しないという主張です。

これは大乗仏教の先駆けをなした、般若経が言い始めたことではありません。仏教の開祖であるゴータマ・シッダールタ（Gautama Siddhārtha）の教えに、すでに見られるものなのです。「諸行無常《しょぎょうむじょう》」あるいは「諸法無我《しょほうむが》」と言われてきた教えがそれです。目の前の世界は常に移り行くものであり、この世に絶対的な確かさを有するものは存在しない。そのようなこの世の姿を曇りない目で見定めることを、ゴータマは覚りと呼びました。そして、確かなものでない自分に執着し、しがみついてはならないと諭《さと》すのです。

ゴータマは、ソクラテスや孔子と同時代の紀元前六–五世紀に生まれています。人類思想と呼べる偉大な思想の出揃った不思議な時代で、二十世紀の哲学者ヤスパースは、「枢軸の時代」と呼びました。この時代を軸として人類思想が展開していったということです。

ソクラテスをソクラテスと呼び、孔子を孔子と呼ぶように、本書では仏教の開祖をゴータマとその姓で呼びたいと思います。ゴータマとは最高の牛という意味です。ゴータマの創始した宗教のスケールは大きく、アジア全域に広まっただけでなく、現代の西欧社会にもインパクトを与えています。ゴータマは、日本では釈迦《しゃか》、世尊《せそん》、仏陀《ぶっだ》、如来《にょらい》などとも呼ばれますが、本書ではゴータマと呼ぶことにします。

紀元一世紀に大乗仏教運動が起こり、般若経が先頭を切って叫んだのは〈空〉でした。それは原点回帰であって、ゴータマの説いた「無常」「無我」の教えに立ち返ろうとしたのです。原点回帰であるからこそ、〈空〉の主張には力があったのだと思います。私としては般若心経の〈空〉を読みときながら、大きくは仏教の原点とは何なのかについて、読者のみなさんと一緒に考えて行きたいと思います。

〈空〉以外にも般若心経には、「五蘊」「十二処十八界」「十二縁起《えんぎ》」「四諦説《したいせつ》」などの仏教要語が網羅的に出てきます。そして、それらはことごとく無いものであると否定していくのです。これもまた壮観というべきで、そこまで否定し尽くしてしまったら、仏教にいったい何が残るのだろうかといぶかるほどです。しかしそれは、〈空〉の立場に立つなら、仏教の枢要な概念さえ、決して変わらないものとして有るとは言えないということですから、革命的と言っていいかもしれません。あれも無い、これも無いと激しい口調ですが、言わんとするところは、〈空〉の一点ではないかと思います。

般若心経のもう一方のポイントは、マントラで締めくくられていることです。マントラとは大乗仏教における密教で用いる呪文を指します。

密教《みっきょう》（インド大乗仏教の流れにある。神秘主義的な色合いが濃い呪法や儀礼を特徴とする。七世紀に『大日経』と『金剛頂経』の成立によって大系化された。）

においては手に**印契**《いんげい》（印相ともいう。胸の前で両の掌を合わせるものを蓮華合唱印と言う。左手の人差し指を右の拳で握って、胸の前で重ねる智拳印などがある。）を結び、口にマントラ（真言）を唱え、心を一点に傾注させる。この神秘主義的な行を三密《さんみつ》と呼びます。それによってミクロコスモスである行者と、マクロコスモスとしての宇宙あるいは仏との一体化を図ろうとするのです。宇宙の本質と自己の心を一体化させることは、古代インド哲学の中心テーマでもありました。

般若心経にあるマントラは、以下のようなものです。

掲帝《ぎゃてい》掲帝《ぎゃてい》　般羅《はら》掲帝《ぎゃてい》

般羅《はら》僧掲帝《そうぎゃてい》　菩提《ぼじ》僧莎訶《そわか》

マントラはその音の持つ神秘的な力が大切であって、翻訳にはなじまないと考える向きもあります。しかし、一応翻訳をすると次のようになります。

往きたる者よ。往きたる者よ。彼岸に往きたる者よ。完全に往きたる者よ。覚りよ。幸いあれ、と。

これは般若波羅蜜多心経の「般若波羅蜜多」を讃える文句になっています。「般若」は智慧を、

人間の頭脳の根源は、ここにあり

十八界《じゅうはっかい》	十二処《じゅうにしょ》	六根《ろっこん》	眼	耳	鼻
			舌	身	意
		六境《ろっきょう》	色	声	香
			味	触	法
		六識《ろくしき》	眼識	耳識	鼻識
			舌識	身識	意識

「波羅蜜多」は完成を意味します。「般若波羅蜜多」は智慧の完成を意味しており、このマントラはその智慧の完成を讃えているのです。智慧の完成は〈空〉を体得することですから、般若心経の二大テーマである空の教えとマントラとは別に矛盾は生じません。

◎もうひとつの般若心経がある！

本来、仏典というものは「如是我聞《にょぜがもん》」の文句から切り出されるものです。「ある時私は聞いた」で必ず始まり、ブッダ（仏陀とも書く。一般的には仏教の開祖ゴータマ（釈迦）を指す。）がどこで誰に対して説法をしたのかを述べる「序分《じょぶん》」があります。そして、説かれた説法の内容が語られる「正宗分《しょうしゅうぶん》」が次にきます。それから、ブッダの説法を聴衆が喜んだことを述べ、経典を読む者の信心を励ます「流通分《るずうぶん》」で締めくくられるのが、仏典の正統なスタイルです。

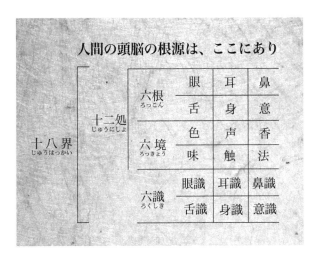

般若心経をはじめとする大乗経典の時代には、歴史上のゴータマはもちろん存在していませんが、大乗仏典もこの作法に則《のっと》って書かれました。

玄奘訳般若心経は、読んでみればすぐ分かりますが、仏典の正統な形式を踏んでいません。玄奘訳般若心経には「序分」がなく、ブッダではなく観音菩薩《かんのんぼさつ》がいきなり登場します。空を説く「正宗分」が述べられると、「掲帝掲帝」というマントラで締めくくられて、信心を勧《すす》める「流通分」は欠けているのです。実は、この形式を踏んだ般若心経というものがあって、「大本《だいほん》般若心経」と呼ばれています。分量的にも大きくなるためで、玄奘訳般若心経は「小本《しょうほん》般若心経」と呼ばれます。

東アジアでは玄奘訳の小本般若心経だけが圧倒的に支持されて、広く流布してきました。これとは対照的に、インドでは仏典の正統な形式を踏んで書かれた大本般若心経だけが広まったのです。インドで作られた般若心経の注解書は、すべてこの大本般若心経に対して書かれました。小本般若心経は、インド本国では相手にされなかったのです。

このコントラストは、非常に興味深いものがあります。ここで、日本では一般にあまり読まれることのないもうひとつの般若心経を紹介しておきます。サンスクリットの大本般若心経テキストから、拙訳を試みてみます。サンスクリットのテキストは、中村元・紀野一義訳注『般若心経・金剛般若経』（岩波文庫、一九六〇年）所収の大本テキストを用いました。

仏典の構成

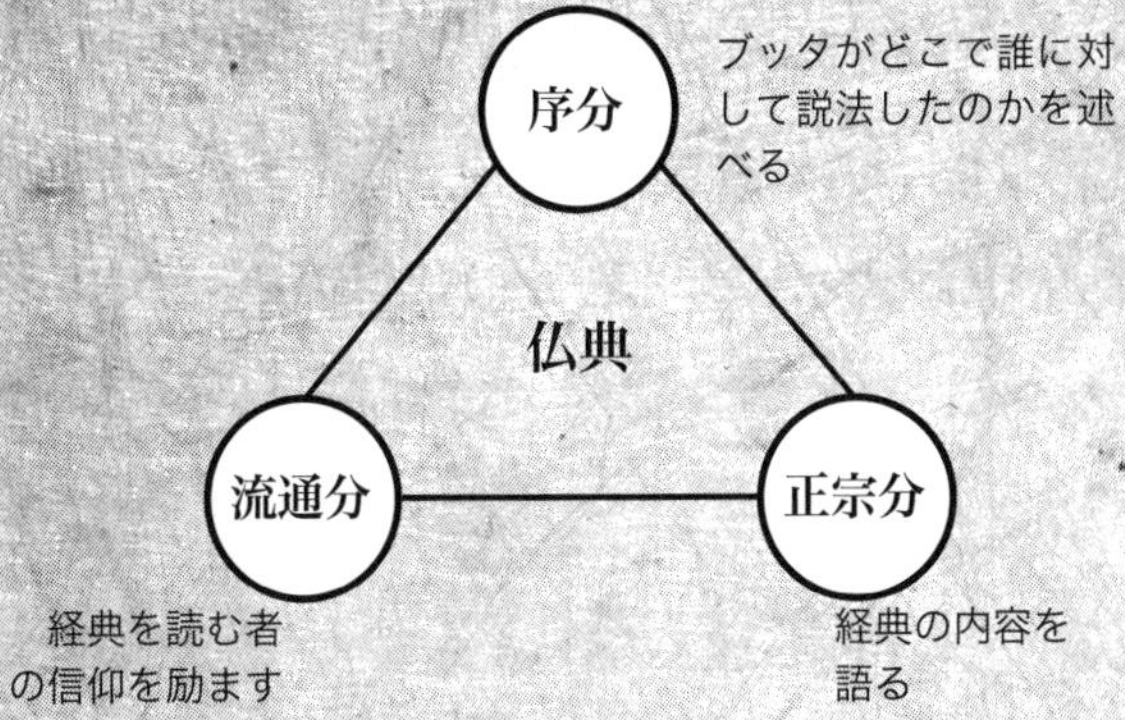
序分
ブッタがどこで誰に対
して説法したのかを述
べる
仏典
流通分
経典を読む者
の信仰を励ます
正宗分
経典の内容を
語る

智慧の完成こそ、般若心経の基本

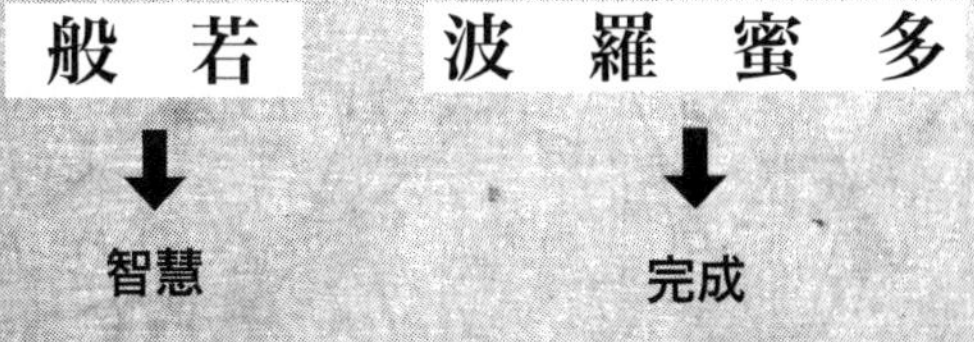
般若
波羅蜜多
智慧
完成

智慧の完成とは、〈空〉を体得すること。

〈空〉を体得するとは、「何も無い」ということではなく、「有るが、それはいつまでも変わらずに有るものではない」ことを覚ること。

違和感を抱かれるかもしれませんが、これがもうひとつの般若心経なのです。

◎もうひとつの「般若心経」の試訳（巻末三〇二頁以下にデーヴァナーガリー書体のサンスクリットテキスト掲載）

全知者に敬礼いたします。

このように私は聞いた。ある時、**世尊**（ゴータマのこと。）はラージャグリハのグリダラクータ山に多くの**比丘衆**《びくしゅう》や**菩薩衆**《ぼさつしゅう》（比丘衆とは、出家した弟子のこと。菩薩衆は覚りを求めて修行する人。）と共にいた。ある時、世尊は深遠な覚《さと》りという名の瞑想《めいそう》に入っていた。さてその時、聖なるアヴァローキテシュバラ（観自在）菩薩大士は、深遠な智慧の完成の行を実践している時に明らかに見た。五蘊、それは本質において空である、と彼は明らかに見た。

さて、シャーリプトラ長老はブッダの理解力をもって、聖なる観自在菩薩にこのことを言った。

「ある優れた若者がいて、深遠な智慧の完成の行を実践したいと思っている場合、どのように学べばよいでしょうか。」

このように言われて、聖なる観自在菩薩大士はシャーリプトラ長老に、こう言った。

「シャーリプトラよ。優《すぐ》れた青年であっても、優れた娘であっても、深遠な智慧の完成の行を実践したいと思っている場合、このように学ぶべきである。五蘊、それらは本質において空であると彼は見抜いた。形あるものは空なるものである。空なるものは形あるものである。形あるものは空なるものを除いてありはしない。空なるものは形あるものを除いてありはしない。形あるもの、即ち空なるもの、空なるもの、即ち形あるものである。このように感受作用も、表象作用も、意志作用も、認識作用もまた空なるものである。

シャーリプトラよ。このようにすべての存在は空という性質を持ち、生じるのでもなく、滅するのでもなく、汚れたのでもなく、汚れを離れたのでもなく、減じるのでもなく、増すのでもない。それゆえにシャーリプトラよ。空なるものにおいては形あるものは無いし、感受作用も、表象作用も、意志作用も、認識作用も無い。眼も、耳も、鼻も、舌も、身体も、心も無く、形も、声も、香も、味も、触れられる対象も、心の対象も無い。眼の領域も無く、乃至《ないし》、意識の領域も無く、心の対象の領域も無く、意識の識別の領域も無い。明智も無ければ、(明智の)滅尽も無い。乃至、老死も無ければ、老死の滅も無い。苦しみの原因も無いし、(苦しみの原因を)滅するの道も無い。知ることも、得ることも、得ないことも無い。

それゆえにシャーリプトラよ。得ることが無いので、菩薩の智慧の完成に頼って、心覆《おお》うものなく住している。心が覆われていないが故《ゆえ》に、転倒を超えて、涅槃《ねはん》に安らいでいるのだ。三世(過去・現在・未来)に住するすべてのブッダは、智慧の完成に依《よ》り頼んで、この上ない完全な覚りに達した。

それゆえに知られるべきである。智慧の完成の大いなる真言、大いなる明智の真言、この上なき真言、無比の真言は、あらゆる苦しみを鎮める真言であり、偽りなきゆえに真実である。その真言は智慧の完成において、次のように語られた。

往きたる者よ。往きたる者よ。彼岸《ひがん》に往きたる者よ。完全に往きたる者よ。覚りよ。幸いあれ、と。

シャーリプトラよ。深遠な智慧の完成における行は菩薩によって、このように学ばれるべきである。」

その時、世尊はその瞑想から立ち上がり、聖なる観自在菩薩に賛意を与えた。

「よきかな。よきかな。優れた若者よ。そのとおりだ。優れた若者よ。そのように深遠な智慧の完成における行は実践されるべきである。あなたが説いたそのように如来《にょらい》たち（仏教において修行を完成し、悟りを開いた人のこと。）や阿羅漢《あらかん》（尊敬される修行者のこと。修行者としての最高位を指す。）たちは是認するだろう。」

そのように世尊は歓喜の心で言われた。長老シャーリプトラ、聖なる観自在菩薩、すべての人々、会衆、神、人、阿修羅《あしゅら》、ガンダルヴァ、そして世界は、世尊の言葉に歓喜したのである、と。

般若波羅蜜多心経を終わる。

以上が大本般若心経ですが、ここには私たちの慣れ親しんだ般若心経のコンパクトな鋭さは感じられません。これでは、現代日本における般若心経人気は勝ち取れないでしょう。しかし、インドにおいてはこのような経典の形式を踏んでいない般若心経は受け入れられなかったのです。

小本般若心経が支持されるのは東アジアの漢字文化圏であり、それも玄奘《げんじょう》訳小本般若心経だけが圧倒的な支持を受けてきました。視野をインドに広げてみると、日本人の愛好する玄奘訳般若心経の特徴も、こうして見えてきます。そこで、玄奘訳般若心経の特質にもう一歩踏み込んでみたいと思います。

◎玄奘訳般若心経には「謎」がある！

般若心経には謎があります。謎があることは知られているのですが、それは触れてはいけない聖域のようにも扱われてきました。読者の中にはその謎を知ったうえで、それをあえて追求しない人もいると思います。

その謎ですが、実は玄奘訳般若心経の特質と深く関わっているようです。岩波文庫版『般若心経・金剛般若経』（一九六〇年）で訳註をした中村元・紀野一義の両氏も、玄奘訳般若心経は「種々の疑いが持たれている」とコメントしています。さらに、この般若心経は「一般に玄奘訳と信ぜられている」と意味深長《しんちょう》な書き方もしているのです。つまり、玄奘訳般若心経が玄奘訳だと本当に言えるかどうか、怪《あや》しいものがあるということでしょう。これは日本の仏教学界が理解を共有しているとも言えそうです。玄奘訳般若心経は、どうも疑わしいということです。

私はこの般若心経の謎に少しでも迫ってみたいと思うのですが、それは玄奘訳般若心経の特質を明らかにするために他なりません。また、玄奘訳般若心経のテキストに疑義が持たれているとしても、現代日本における般若心経の存在価値には何らの影響を与えないとも思っています。しかし、なぜなのかを問うことは常に必要なことであり、般若心経理解のためにも益するものであるはずです。

まず、明らかな事実を紹介したいと思います。

以下に記す玄奘訳般若心経の問題となるのは、傍線をした部分です。これは空に関する教えを述べる内容的に中心の部分です。

唐三蔵法師玄奘訳《とうさんぞうほうしげんじょうやく》　般若波羅蜜多心経《はんにゃはらみたしんぎょう》

観自在菩薩《かんじざいぼさつ》　行深般若波羅蜜多時《ぎょうじんはんにゃはらみたじ》　照見五蘊皆空《しょうけんごうんかいくう》　度一切苦厄《どいっさいくやく》

舎利子《しゃりし》　色不異空《しきふいくう》　空不異色《くうふいしき》　色即是空《しきそくぜくう》　空即是色《くうそくぜしき》　受想行識《じゅそうぎょうしき》　亦復如是《やくぶにょぜ》

舎利子《しゃりし》　是諸法空相《ぜしょほうくうそう》　不生不滅《ふしょうふめつ》　不垢不浄《ふくふじょう》　不増不減《ふぞうふげん》　是故空中《ぜこくうちゅう》　無色無受想行識《むしきむじゅそうぎょうしき》

無眼耳鼻舌身意《むげんにびぜつしんい》　無色声香味触法《むしきしょうこうみそくほう》　無眼界乃至無意識界《むげんかいないしむいしきかい》

無無明亦無無明盡《むむみょうやくむむみょうじん》　乃至無老死《ないしむろうし》　亦無老死盡《やくむろうしじん》　無苦集滅道《むくじゅうめつどう》　無智亦無得《むちやくむとく》　以無所得故《いむしょとくこ》

菩提薩埵《ぼだいさった》　依般若波羅蜜多故《えはんにゃはらみたこ》　心無罣礙《しんむけいげ》　無罣礙故《むけいげこ》　無有恐怖《むうくふ》　遠離一切転倒夢想《おんりいっさいてんどうむそう》

究竟涅槃《くきょうねはん》　三世諸佛《さんぜしょぶつ》　依般若波羅蜜多故《えはんにゃはらみたこ》　得阿耨多羅三藐三菩提《とくあのくたらさんみゃくさんぼだい》

故知般若波羅蜜多《こちはんにゃはらみた》　是大神呪《ぜだいじんしゅ》　是大明呪《ぜだいみょうしゅ》　是無上呪《ぜむじょうしゅ》　是無等等呪《ぜむとうどうしゅ》　能除一切苦《のうじょいっさいく》

真実不虚故《しんじつふここ》　説般若波羅蜜多呪《せつはんにゃはらみたしゅ》　即説呪曰《そくせつしゅわつ》

掲帝掲帝《ぎゃていぎゃてい》　般羅掲帝《はらぎゃてい》　般羅僧掲帝《はらそうぎゃてい》　菩提僧莎訶《ぼじそわか》　般若波羅蜜多心経《はんにゃはらみたしんぎょう》

傍線をした部分が、玄奘よりも二世紀以上過去の経典の一部に、ほぼ一字一句符合するのです。

この事実は多くの般若心経研究者には、すでに知られていることでもあります。

玄奘は中国の唐の時代に活躍した人で、般若心経は六四九年に訳出されたと記録されています。その当時、すでに高い評価を受けていた般若経典の中国語訳が存在していて、それは西域出身の**鳩摩羅什**《くまらじゅう》が四〇三年に漢訳した『大品般若波羅蜜経』です。中国仏教の訳経史は「古訳」「旧訳」「新訳」の三期に大きく区分されます。古訳と旧訳の画期をなしたのが**鳩摩羅什**《くまらじゅう》（三五〇～四〇五ごろ）インドの貴族の血筋を持つ父と、西域のクチャ国の王族の母の間に生まれた。『法華経』『阿弥陀経』『大品般若経』など多くの漢訳経典を残し、中国における仏教研究の基礎を築いた。）であり、旧訳と新訳の画期をなしたのが玄奘です。つまり、この般若心経の謎は中国訳経史における両雄の仕事に関わるということです。

左の頁に、鳩摩羅什訳『大品般若波羅蜜経』の当該箇所は左側に、それに対応する玄奘訳『般若波羅多心経』の下線部分を右側に対比できるように示してみます。百聞は一見にしかず、だと思いますが、いかがでしょうか。

「舎利佛」と「舎利子」の違い。そして、「是空法非過去非未来非現在」の字句が玄奘訳に欠けています。この二点を除くと、両者は完全に一字一句合致しているではありませんか。両者が同じ原本から写しているのでなければ、どちらかが一方から写したのだと言わなければならなくなります。玄奘が鳩摩羅什訳『大品般若波羅蜜経』の一節を拝借して、使ったとしか言いようがありません。

二つの般若心経を比較する！

鳩摩羅什（403 年訳出）『大品般若波羅蜜経』	玄奘（649 年訳出）『般若波羅蜜多心経』
舎利佛	舎利子
色不異空　空不異色	色不異空　空不異色
色即是空　空即是色	色即是空　空即是色
受想行識　亦復如是	受想行識　亦復如是
舎利佛	舎利子
是諸法空相	是諸法空相
不生不滅	不生不滅
不垢不浄	不垢不浄
不増不減	不増不減
是空法非過去非未来非現在	
是故空中　無色無受想行識	是故空中　無色無受想行識
無眼耳鼻舌身意	無眼耳鼻舌身意
無色声香味触法	無色声香味触法
無眼界乃至無意識界	無眼界乃至無意識界
無無明亦無無明盡	無無明亦無無明盡
乃至無老死　亦無老死盡	乃至無老死　亦無老死盡
無苦集滅道	無苦集滅道
無智亦無得	無智亦無得

しかし、そんなふうにいうことは恐れ多いことです。般若心経の専門書に当たってみましたが、それ以前の訳文の影響を受けたのではないかなどと論じられています。しかしこれは、そんな生易《なまやさ》しい似方ではありません。はっきりと剽窃《ひょうせつ》だと言ったほうがよさそうですが、言う相手が大きすぎたのでしょう。

そこで、「種々の疑いが持たれている」という中村元・紀野一義両氏のコメントに落ち着いたと思われます。

ところが一九九二年、アメリカの女性仏教学者がこれは写しであると言い切りました。悪意で言っているのではなく、般若心経の新しい理解を提示してみせたのです。彼女はジャン・ナティエという、モンゴル仏教の専門家です。この論文は二〇〇六年になって、その全訳が日本の学会誌に掲載されました。タイトルは以下の通りです。

Jan Nattier. "The Heart Sūtra: A Chinese Apocryphal Text ? (The Journal of the International Association of Buddhist Studies, Vol. 15, No. 2, pp. 153-223, 1992). ジャン・ナティエ（工藤順之・吹田隆道訳）「般若心経――中国の偽経か？」（『三康文化研究所年報』第三七号、二〇〇六年）。

英文で七十ページにわたるこの論文が一九九二年に国際的な学会誌に出された時、日本を代表する般若心経研究者の福井文雅氏は、「日本の学界を震憾させた」と応答の論文で評しています。

ナティエ説の主旨は、次の通りです。

「玄奘訳般若心経は、鳩摩羅什訳『大品般若経』の一部を核に据えて、その前後に書き加えられ、まず中国語で書かれたものだ。その中国語の経典からサンスクリットのテキストが還元されるように作られた」。

彼女の専門とするモンゴル仏教では、還梵《かんぼん》（back translation）というこの作業は、よく行なわれると言います。そして、この作業を行なったのは玄奘である可能性が高いという結論を出しています。

ナティエは般若心経が、アポクリファ（Apocrypha）であるとしました。アポクリファとはキリスト教用語では、「外典および偽典」のことです。アポクリファとは正典としての聖書に入れられなかった同時代の類似の文書であり、正典文書に対抗して出された異端文書なども含んでいます。ナティエはアポクリファを仏教用語の「偽経」の訳語として用いていますが、キリスト教と意味するところが異なります。仏教における正典とは、サンスクリット語で書かれたインド起源の原典であり、その翻訳です。仏教で言う「偽経」とは、インドの原典からの翻訳ではなく、中国や朝鮮半島や日本で新たに作られた経典のことなのです。

中国では「仏説父母恩重経《ぶっせつぶもおんじゅうきょう》」とか「仏説盂蘭盆経《ぶっせつうらぼんぎょう》」など、明らかに儒教思想を背景とした「偽経」が作られており、これらは中国仏教を理解する大切な資料となっています。

このあたりは仏教とキリスト教の用語がクロスしていて、おもしろいとは言えます。それはさておき、ナティエは「玄奘訳般若心経」がサンスクリット語原典からの翻訳ではなく、中国語で新たに書かれたものだという意味で、「偽経」であると結論づけたのです。

仏教においてはサンスクリット語の原典こそが、正統性を示す権威なのです。尊崇を集め親しまれてきた「玄奘訳般若心経」が正統性を持たない「偽経」であるという主張は、しかし、あまりに大胆で突飛な仮説です。そのために、日本の仏教学界ではまだ十分な検証が行なわれていないようです。日本語の全訳が出たことで議論が展開することを、私は期待しています。もとより、私自身にこの仮説を十分に検証する力はありませんが、ナティエの主張は、「玄奘訳般若心経」の東アジア的な特質をよく説明していて、興味深いものがあります。第四章以降、般若心経の本文を順に扱っていく中で、ナティエの議論は紹介していきたいと思います。

どのような謎があろうが、経文がまとめられた経緯に多少の不自然さがあろうとも、般若心経の魅力に変化が生じるものではありません。きわめてコンパクトでありながら、〈空〉を論じる仏教学要綱をなす般若心経は、やはり魅力的な経典なのです。まさに簡にして要を得ているからです。また、マントラを備え、暗誦に適した般若心経は、口ずさむ経典です。この親しみやすさが、般若心経の圧倒的な人気の秘密であることは間違いありません。般若心経の魅力と豊かさを、牧師の視点から味わいながら読み解いていきたいと思います。

玄奘は、仏典の開拓者

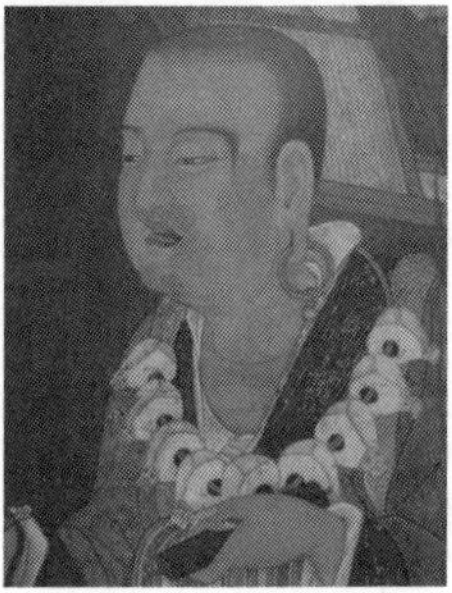

六〇二?〜六六四年。唐代初期の学僧。俗姓は陳氏。十歳の時に父の死に際して出家を決意、十三歳で出家して「玄奘」の法号を受けます。各地の寺院で仏教を修めるものの疑問が解けず、求法のためインドを目指して出国許可を求めますが、鎖国中の国からは許可が下りません。しかし玄奘は二三歳の時、国禁を犯して西域からインドを目指します。

幸運にも東昌（トルファン）国王に歓迎され、資金援助や従者も与えられて、西北インドから中部インドのマガダ国のナーランダ寺院に至ります。当時の仏教の最高学府であったナーランダ寺院で、五年に及ぶ仏教学の研鑽を積みます。その後もインド各地を巡礼と研究のために訪ね、四十歳を過ぎてから大量の経典などを携えて帰途につきました。十七年間の求法の旅を終えて入国許可を求めた玄奘を、当時の太宗皇帝は大いに歓迎しました。

その後の二十年間、玄奘はインドの原典の翻訳に打ち込み、『大般若波羅蜜多経』『倶舎論』など重要な訳業を完成させます。原典に忠実な玄奘の漢訳は「新訳」と呼ばれて、それまでの漢訳を「旧訳」と呼ばせるほど画期的なものでした。太宗の勅命により著された『大唐西域記』は七世紀の西域やインドの貴重な地誌であり、現在も第一級の一次資料です。十六世紀の明代に書かれた小説『西遊記』は、三蔵法師が孫悟空・猪八戒・沙悟浄を連れて天竺（インド）へ求法の旅をする奇想天外な物語として、今日まで広く親しまれています。その三蔵法師の実在のモデルが、玄奘であることは言うまでもありません。

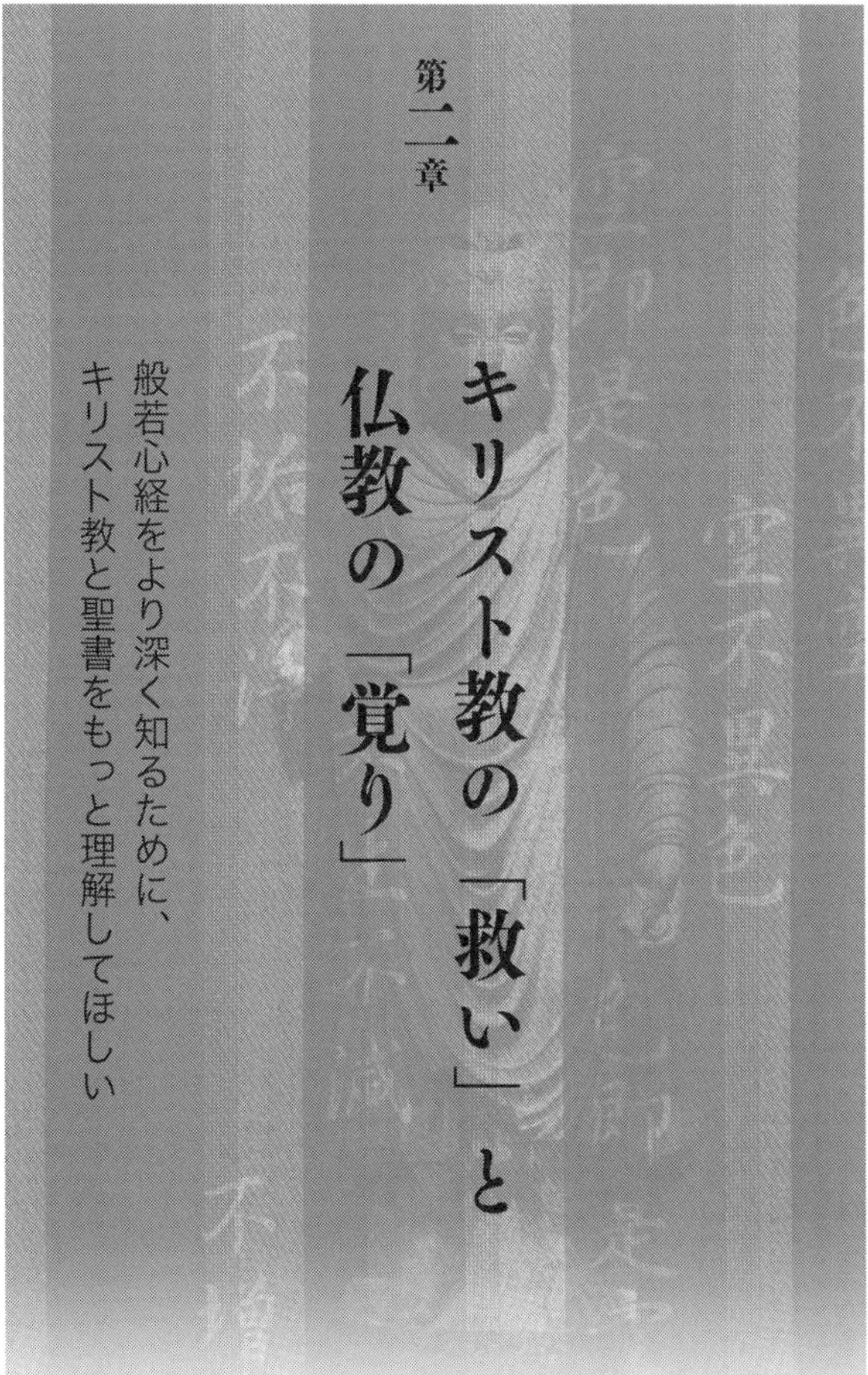

第二章

キリスト教の「救い」と仏教の「覚り」

般若心経をより深く知るために、
キリスト教と聖書をもっと理解してほしい

聖書も仏教経典も、人のまことを求める

◎バイブル（聖書）って何？

私はプロテスタントの牧師ですので、牧師の視線で般若心経を読み解くのが、本書の趣旨となります。あとの章では般若心経と聖書を比較対象したり、両者が描く〈空《くう》〉についても言及するシーンが出てきます。「般若心経の本なのに、聖書？」と不思議に思われるかもしれませんが、般若心経をより深く理解いただくためにも、聖書について大まかなところを紹介しておきたいと思います。

創造主なる神が、ご自分のことを人間に明らかに伝えられる。これをキリスト教用語で「啓示《けいじ》」と呼びます。文字通り、神がご自身を「啓《ひら》き示された」ということで、その方法は伝聞や言い伝えではなく、文書として残しました。それが聖書です。だから、キリスト教にとっては聖書こそが唯一の基準であり、規範となります。たとえば牧師は、礼拝において聖書そのものを説き明かすこと

を、最も大切な職務としています。私が以前働いていた教会では礼拝堂の正面に講壇が設けられ、その上に特別大きな聖書が置かれています。聖書が読まれ、語られることを礼拝の中心にしているからです。

私がはじめて聖書に接したのは、岸和田市立岸城中学校の生徒手帳に付いていた名言集においてでした。

「順境の日には喜び、逆境の日には反省せよ。」（伝道者の書7章14節）

この文句が古今東西の格言の一つとして書かれていたのを思い出します。ただしその時の私は、聖書そのものに関心を持つことはありませんでした。

聖書には歴史書があり、詩歌集があり、伝記があり、書簡集があります。これだけで百科辞典のような趣《おもむき》があります。辞書を作る時の薄くて強い特別な紙を使用し、ほぼ二〇〇〇ページになる内容が一冊になっているものです。

般若心経は、『プレジデント』などのビジネス誌で特集されることも少なくありません。それはそれで大変意味のあることですが、牧師としては聖書が日本のビジネスマンや財界人の座右《ざゆう》の銘《めい》として覚えられるようになることを、ひそかに夢見ています。

冒頭の繰り返しになりますが、本書は般若心経を牧師の目から読み解くものであり、おのずから聖書やキリスト教にも言及することになります。聖書は般若心経とさまざまな関わりを持っていることを、ぜひ知ってほしいと思います。第一章では般若心経を大づかみにしましたので、第二章では聖書とキリスト教を大づかみに紹介していきます。

それも、仏教から見た聖書とキリスト教です。仏教経典の区分を示す「**経・律・論**」（経はゴータマの教え、律は仏教団における規則、論は経や律の研究や解釈をまとめたもの。）から聖書を見たら、どうなるのでしょうか。仏教の修行の基本である「**戒**《かい》**・定**《じょう》**・慧**《え》」（戒は仏教徒が守る五戒を指す（第四章参照）もので、日常生活の規範。定は戒を実践する中で、瞑想や座禅で心の安定を図る。慧は戒と定によって智慧を得ること。）の三学から、キリスト教の教えを見たら、どうなるのでしょうか。

キリスト教の基本的な教えとして、「神・罪・救い」の三要綱を挙げることができます。仏教の三学に対して、キリスト教の三要綱を対比してみたい。そのようにして、聖書とキリスト教をざっくりとつかんでいただければと願っています。そのうえで、般若心経の本文に入っていきたいと思います。

◎ゴータマの悟りが書かれたものが「お経」

仏典は経・律・論の三蔵《さんぞう》からなっています。経律論すべてに通じた人を三蔵法師と言いますが、三蔵法師と言えば玄奘《げんじょう》を意味するほどに、玄奘が有名です。経《きょう》というのは、仏教の開祖ゴータマ・ブッダ（釈迦・釈尊）の教えが書かれたものです。ゴータマは瞑想《めいそう》の中で覚《さと》りを開きましたが、その覚りについて書かれたものが「お経」です。最古の経とされるのは、『ブッダのことば』（中村元訳）として岩波文庫から出ている『スッタニパータ』です。初期の経は暗誦《あんしょう》によって伝承されていったので、韻文《いんぶん》で書かれています。まるでギリシア哲学を思わせる透明感のあることばです。「犀《さい》の角《つの》」という章から、少し抜粋して紹介してみましょう。修行者はただ独りで修行に打ち込むべきことを、「犀の角のように、ただ独り歩め」と繰り返し唱えています。

「実に欲望は色とりどりで甘味《かんみ》であり、心に楽しく、種々のかたちで、心を攪乱《かくらん》する。欲望の対象にはこの患《うれ》いのあることを見て、犀の角のように、ただ独り歩め。」

「妄執《もうしゅう》の消滅を求めて、怠らず、明敏であって、学ぶこと深く、こころをとどめ、理法を明らかに知り、自制し、努力して、犀の角のようにただ独り歩め。」

「慈しみと平静とあわれみと解脱《げだつ》と喜びとを時に応じて修め、世間すべてに背《そむ》くことなく、犀の角のように、ただ独り歩め。」

般若経から始まる大乗経典は、打って変わって豊穣《ほうじょう》な物語の魅力に満ちています。これはインドの神話がどんどん取り込まれて、大乗経典が書かれていったからです。その大乗経典が書かれていく時にも、「ブッダはこのように説《と》いた」と書き始めるのが、お経のルールです。いわゆる「如是我聞《にょぜがもん》」というものです。それが経を書くときの作法なのです。仏教の歴史の画期をなすのは仏典結集《けつじゅう》（ブッダの入滅（逝去）後、ブッダの説法を後世に伝えるため、経典作りが行なわれた。このために僧侶が集まって、説法について議論を交わし、経典を作っていった。第一回結集は紀元前四七七年ごろ、インド・ラージャグリハに約五〇〇人の僧侶が集まって開催された。この集まりを結集と言う。その後、一～三回（紀元前、紀元後）にわたって、新しい経典の作成、あるいは戒律の解釈をめぐって結集が行なわれた。）ですが、新たに仏典がまとめられる度に経典の量は拡大していくことになります。閉じていないところが、霊感によって閉じられる聖書との違いなのです。

仏典は、「オープン・キャノン（開かれた聖典）」、対して聖書は、「クローズド・キャノン（閉じられた聖典）」と表現されるのは、このような理由によるものです。

聖書全体が、仏教における「経」に当たります。聖書は旧約聖書三九巻と新約聖書二七巻からなっていますが、古い契約（旧約）と新しい契約（新約）に大きく分かれます。神と人が契約を結び、その契約に従って関係を作っていく。この基本的な契約の思想は旧約聖書を聖典とするユダヤ教とイスラム教にも、もちろんキリスト教にも見られるものです。

チャールトン・ヘストンが主演した映画「十戒」は、忠実に聖書最大の事件を描こうとした名作です。長くエジプトで奴隷生活を強いられてきたイスラエル人が、モーセ（引き出すという意味）によって言わば引き出され、解放されて約束の国に向かう。その旅路の途中、シナイ山で十戒を神から与えられ、神と契約を結びます。これは、旧約聖書「出エジプト記」の記述です。

◎映画「十戒」のあらすじ

古代エジプトで、イスラエル民族は奴隷として苦難の生活を送っていた。その勢力拡大を恐れたエジプト王は、出産した男子をすべて殺すように命令を下した。男子の赤子モーセを殺すに忍びなかったイスラエル人家族は、赤子を葦の籠に載せてナイル川に流す。その籠を偶然にも拾い上げたエジプトの王女は不欄に思い、自分の子としてモーセを育てる。

モーセはエジプトで当時の世界最高の教育を受けて育つが、長じて自分もイスラエル人であることに目覚める。一度は挫折して荒野で羊飼いとして雌伏の時を送るが、やがて神の命令を受けて、エジプトからイスラエル民族を脱出させるために立ち上がる。エジプト王と渡り合い、ついにイスラエル民族を率いてエジプト脱出に成功する。イスラエル民族が、奇跡によって真っ二つに分かれた紅海を渡って逃げ、追走してくるエジプト軍が海に飲まれる　シーンは、特撮で特に有名になった。

エジプトを脱出したイスラエル民族に、神は十戒を授ける。モーセ率いるイスラエル民族は、神が約束したカナンの地を目指す荒野でも、多事多難の経験をする。ついに、約束の国へヨルダン川を渡って入ろうとする時、民を導いたのはモーセの後継者のヨシュアであり、モーセはピスガ山頂から約束の国を望み見て死ぬ。

セシル・デミル監督によって一九五六年に作られたアメリカ映画で、モーセをチャールトン・ヘストンが、モーセと対決するエジプト王をユル・ブリンナーが好演。聖書の「出エジプト」の記事に忠実に、そして歴史スペクタクル映画として成功させた。

エジプトから救い出されたイスラエル人は、この約束を守るなら、さらに神の祝福を受ける。守らなければ災いにあう。これは神と人との約束であり、自ら祝福を選び取ることが求められたのです。この契約が書かれた書をモーセ五書と呼び、モーセによって書かれた創世記《そうせいき》・出《しゅつ》エジプト記・レビ記・民数記《みんすうき》・申命記《しんめいき》です。これらをまとめて「律法」とも呼びます。

人は神との契約を守って、祝福を受けたのかどうか。そのイスラエル人の歴史が次にきます。イスラエル古代王朝の興亡を描いたサムエル記などは、最古の歴史文学だと言われているほどです。人間を決して美化しないリアリズムが、聖書の魅力の一つです。モーセの後継者ヨシュアを主人公

聖書

旧約聖書

全 39 巻　天地創造に始まるイスラエルの信仰の歴史。物語の中に多くの教訓も含まれ、映画の題材になったものも多い。
モーセ五書　歴史書　詩書　大預言書　小預言書で構成

新約聖書

全 27 巻　イエス・キリストの誕生から昇天まで、その生涯と初代のキリスト教会の歩みが記されている。

福音書　マタイによる福音書　マルコによる福音書
　　　　ルカによる福音書　ヨハネによる福音書
使徒の働き（1巻）パウロの書簡（13 巻）公同書簡（8巻）
ヨハネの黙示録（1巻）

イエス・キリスト　イエスは「主は救い」という意味の名前で、キリストは「救い主」としての称号。処女マリヤが聖霊によって超自然的に懐妊することを、天使ガブリエルから告げられる場面は「受胎告知」として、多くの絵画に描かれている。マリヤは許婚であったヨセフと結婚し、臨月で人口調査のためにヨセフの郷里のベツレヘムに向かい、宿屋がいっぱいであったため馬小屋でイエスを出産した。その日が西暦（AD は主の年を意味する）の起点とされるが、実際は約４年さかのぼる紀元前（BC はキリスト以前を意味する）５～４年の生まれ。マタイ、マルコ、ルカ、ヨハネの４人によるイエスの伝記（福音書）が新約聖書に収められるが、それらの大半はイエスの生涯の最後の１週間に割かれている。つまり、ローマ帝国の死刑方法であった十字架刑によって死に、その３日後の日曜日に復活したことに福音書の記述は集中している。死からよみがえったイエスがキリスト（救い主）であると告白するのがキリスト信者であり、
　現在、世界に約 21 億人（カトリック、東方正教会、プロテスタントを合わせた数字）いる。

ヨハネ　12 使徒の１人。兄弟ヤコブとともにイエスから「雷の子」と綽《あだ》名《な》された。
激しい気性の持ち主だったが、平易な言葉で深い思想をたたえた著作を新約聖書に残した。「はじめに言葉ありき」はヨハネの福音書冒頭のことば。「神は愛なり」はヨハネによる３通の手紙の中の一節だ。晩年はパトモス島流刑となり、迫害下にある諸教会宛にヨハネの黙示録を書いた。

パウロ　ユダヤ教のエリート律法学者として育ち、キリスト教弾圧の急先鋒であったが、復活したイエスに衝撃的に出会ったことにより回心した。以降、キリスト教の最初の宣教師として地中海世界に３度の伝道旅行を行なった。また、最初の神学者としてキリスト信仰の骨格を、新約聖書に収められた 13 通の書簡によって明確化した。病身であったが、親友で医者のルカ（ルカの福音書と使徒の働きの著者）が侍医としてローマの獄中まで支えた。

とするヨシュア記から、民族の危機を救う美貌の傑女エステルを描くエステル記までの十二巻が、「歴史」と呼ばれます。

その次は、「詩書」と呼ばれる五巻。神を仰《あお》ぐ人がいかに喜び、悲しみ、また苦しみ、叫んだか。百五十篇の詩があり、格言集である箴言《しんげん》があり、結婚愛の賛歌である雅歌《がか》があります。義人がなぜ苦しむのかをテーマとした対話編であるヨブ記があり、人生は結局のところ空《むな》しいのかと問いかける伝道者の書があります。

伝道者の書は、次のことばで始まります。

「空《くう》の空。伝道者は言う。
空の空。すべては空。
日の下で、どんなに労苦しても、
それが人に何の益になろう。」（伝道者の書1章2〜3節）

◎西欧で誤解された仏教の〈空〉

般若心経のテーマである〈空《くう》〉と、「伝道者の書」のいう「空《くう》」とは同じでしょうか。違うのでしょうか。これは極めて大切なことですので、あとでくわしく述べますが、結論だけを先に言えば、二つの「空」はまったく違うことを意味しています。聖書は神を知らない人生の空《むな》しさを語っていますが、その意味で仏教のいう〈空〉を取ってしまったところから、西欧における空の誤解が起こってしまったのです。くわしくは、第五章で触れたいと思います。

「詩書」に続くのは、「預言書」です。予言ではなくて、預言と書きます。予言もしますが、神のことばを預かる人という意味で、預言者と呼ばれます。イスラエル王国が神に背《そむ》いて危機に瀕《ひん》した時代に、預言者は輩出しました。世俗的には何の権力も財力も持たない預言者が神のことばを語り、王に対しても、「王よ。あなたは間違っている」と直言するのです。怒った王によって殺された預言者も少なくありません。しかし、預言者のことばを聞き入れて悔い改め、国家に祝福を回復させた王も少なからずいます。危機の時代に叫ぶ預言書十七巻で、旧約聖書は閉じられています。

律法・歴史書・詩書・預言書。旧約聖書はこの四つに分けられます。一番シンプルなのは、「律法と預言書」の二つで全体を表すことでしょう。この全体を通していえるのは、こうすれば祝福を受けると分かっていてもできないのが、人間の姿であること。そして、そのような人間の弱さを見つめつつ、創造主なる神は人間に救いを用意されていることです。やはり神は、人間が祝福の道に歩むように願っておられるということです。厳しくも、慈しみ深いお方、それが天地創造の神であると、旧約聖書は語っています。

亡国の憂《う》き目にもあったイスラエルに、神は救いをもたらされる。男の子が生まれることによって、その救いはもたらされる。救い主の誕生は、旧約聖書最大の予言となっています。今から二〇〇〇年前のベツレヘムで、「大工ヨセフの婚約者であったマリアから生まれたイエスこそ、旧約聖書が約束していた救い主である」と語るのが新約聖書であり、キリスト教なのです。旧約聖書を一聖典とするイスラム教では、イエスを予言者の一人と扱っています。旧約聖書のみを聖典とするユダヤ教は今も救い主の来臨《らいりん》を待っていて、イエスを救い主とは考えません。

キリスト教にとって旧約聖書の意味は、新約聖書によって決まります。つまり、救い主イエスを記述する新約聖書がなければ、キリスト教とは言えないのです。

◎「経」はゴータマの覚り、「律」は共同生活の規則、「論」は注解書

旧約聖書と新約聖書をつなぐのは、イエス・キリストです。キリストとは救い主を意味する称号であり、ヘブル語ではメシア（救い主）と言います。**ヘンデル**（ゲオルク・フリードリヒ・ヘンデル Georg Frie-drich Händel、一六八五～一七五九 ドイツ・バロック音楽の巨匠。後半生はイギリスに帰化。「メサイア」はオラトリオの名作。オラトリオとは、合唱や独唱、オーケストラなどによって構成される聖譚曲。キリストの降誕、受難、復活を荘重に歌いあげている。）作曲の「メサイア（Messiah）」は壮大なキリスト賛歌です。旧約聖書が来臨を予言したキリストは、あのイエスであると、新約聖書は語り始めます。新旧両約聖書がキリスト教の聖典であり、仏教で言うと「経」に相当します。

「経」の説明から飛んでしまいましたが、次の「律」は出家者が共同生活をする教団の規則集です。出家者の教団をサンスクリット語では、サンガ（集まり）と言います。京都には、パープル・サンガという極めて仏教的な名前のプロサッカーチームが存在します。ちなみにパープルは佛教大学のシンボルカラーでもあります。佛教大学がある地が紫野だからです。

この教団の規則が書かれる中で、実は教団の歴史も書き込まれていきます。ですから、「律」に当たるキリスト教の文書は、キリスト教会の教会規約や信仰告白になります。私が牧師をしている京都聖書教会は二〇〇二年に創立五十周年を迎え、記念誌を発行しました。編集作業は大変でしたが、五十年を区切りとして、教会の歴史を一度まとめておくべきだと考えたのです。記念誌は三部構成で、第一部・歴史編、第二部・現在編、第三部・資料編から成っています。考えてみれば、歴史と資料を合体させたものを作ったことになります。資料編には教会の規則や内規集などを収めました。期せずして、仏教の「律」に当たるものを作ったのだと思いました。

このような一教会の記念誌や規則集、また広くはキリスト教会史やその資料編などは、キリスト教会でも作られていますが、それらは決して聖書には属しません。たとえ世界に知られる大教会の歴史でも、「霊感」を受けた聖書とは見なされないのです。「律」を三蔵の一つとして聖典に加える仏教と、ここが違うところです。

三蔵の最後は「論」です。「論」はゴータマの教えである「経」に注釈を加えた注解書、さらにそれを理論化した論書を指します。玄奘訳般若心経が出ると、それ以後、中国における般若心経への注解書は、もっぱらこのテキストに対して書かれるようになりました。般若経に関する注解書が書かれていくうちに、二世紀から三世紀に活躍した**龍樹**《りゅうじゅ》（一五〇～二五〇年ごろ。「中論」などで空の思想を体系化し、中観派の祖となる。仏教学の古典的な議論を尽くした人で、日本では「八宗の祖」と言われる。サンスクリットの「ナーガールジュナ Nāgārjuna」の漢訳名。）がその教えを体系化して、『中論《ちゅうろん》』という決定的な理論書を出しました。龍樹はキリスト教におけるアウグスチヌスのような人で、仏教に関するあらゆる本質的な議論を行なって、仏教の体系化に大きく寄与しました。

四～五世紀初頭に活躍したアウグスチヌス（Aurelius Augustinus, 354～430）も、キリスト教の本質に関する議論を尽くしている人で、『三位一体論』や『告白』などの著書は、今日も広く読まれています。

仏教の歴史の中では、何度も仏典結集というものが行なわれてきました。現在の日本で用いられているのは、『大正新修大蔵経』百巻です。これはインド編・中国編・日本編から成っており、「経」「律」「論」に当たるすべての書物から成っています。東京基督教大学図書館の書架にも、金縁を施された仏典百巻は威容を放っています。当然、結集を行なうたびに大蔵経は拡大増広していくのですが、前述の通り、聖書においてはあり得ないことです。

もちろん、聖書の各書に対する注解書は古代から現代まで書き続けられてきました。それを踏まえて、教えを理論化した神学書も生み出されてはいます。しかし、それらはあくまで注解書や神学書であって、聖書そのものではありません。三蔵と言われ、一切経《いっさいきょう》とも言われる仏教の聖典は、キリスト教においては聖書に加えて、注解書・神学書・教会史や資料集なども総合したものということになります。

◎聖書に傾倒した太宰 治

「経律論」の説明がすんだところで、旧約聖書の続きで新約聖書も大づかみにしておきたいと思います。あのイエスがキリストである、と述べるのが新約聖書です。あのイエスはどんな生涯を送ったのか。マタイ・マルコ・ルカ・ヨハネの四人がイエスの伝記、すなわち福音書を書いています。

昭和を代表する作家のひとりである**太宰 治**（一九〇九（明治四十二）年～一九四八（昭和二十三）年。青森県の大地主の息子として生まれる。高校時代に左翼運動にのめり込んだりしたが、東大仏文科に入学。自殺未遂後の一九三三年、はじめての作品を発表。一九三五年に発表した『逆行』は芥川賞候補にのぼるものの落選。自殺未遂を繰り返し、一九四八年、玉川上水で入水心中。代表作として『走れメロス』『津軽』『人間失格』『斜陽』などがある。）は、入院生活の心の動きを語った初期作品『HUMAN LOST』（一九三七年）で、次のように書いています。

「聖書一巻によりて、日本の文学史は、かつてなき程の鮮明さをもて、はつきりと二分されてゐるマタイ伝二十八章、読み終へるのに、三年かかつた。マルコ、ルカ、ヨハネ、ああ、ヨハネ伝の翼を得　るは、いつの日か。」

見事な日本語であり、太宰が真剣に求道をしていたことをうかがわせることばでもあります。マタイという人は、ローマ帝国の支配下にあったイスラエルで、ローマに納める税金取り立ての請負業務をやっていました。当然、イスラエルでは最も嫌悪された職業で、「取税人」というマタイの職業は、罪人の代名詞のように使われていた時代です。そんな醜業につくマタイを、イエスは弟子に取りました。記帳のプロであったマタイは、イエスの説教を渾身《こんしん》の思いで書き記したと考えられています。マタイがイエスの説教を一番多く記していますが、太宰はマタイによるイエスの伝記を読み切るのに三年かかったと言います。それだけ真剣に聖書と向かいあったのでしょう。

マルコの福音書では、「すぐに」という副詞が繰り返されます。一番短い福音書で、早く書き上げて伝えようとした意気込みが感じられます。その多くが、イエスの弟子ペテロの説教がもとになったと言われています。

ルカは四人の中で唯一ユダヤ人ではなく、医者であり、歴史書としてイエスの伝記を書こうとした知識人でした。四福音書に続く「使徒の働き」もルカの手になる初代教会の歴史です。ルカは病人や独り身となった女性などの弱者に対して、医者としての優しい目を向けています。太宰治に言及したので、晩年に『渋江抽斎《しぶえちゅうさい》』などの史伝を著して文業を大成した医師森鴎外《おうがい》（1862~1922）のような、とルカを紹介したいと思います。ルカはまた、キリスト教の最初の宣教師であったパウロの友人でもありました。地中海世界を股にかけて宣教したパウロの良き協力者であり、病気がちであったパウロの侍医《じい》でもあったのです。ローマで捕らえられ、監禁されたパウロをずっとそばで支えたのはルカであったことが、パウロの手紙から窺《うかが》えます。

「ああ、ヨハネ伝の翼を得るは、いつの日か」とは太宰の名言ですが、天空を駆けるような文書を聖書に残したのがヨハネです。ヨハネはパトモス島（エーゲ海）に流罪となったため、他の弟子たちがローマ帝国の迫害で殉教したあとも生き延びました。ヨハネの福音書は最後に書かれており、自分の中で温め十分に発酵したものをシンプルなことばで書き表しています。おのずから深みが伝わってくる内容で、その本質を太宰はよくつかんでいると言えます。ヨハネは三通の手紙も書き、新約聖書を締めくくる「黙示録《もくしろく》」も書きました。

新約聖書という書物は平たく言うと、イエスの伝記と手紙から成っているものです。宗教の教理が、整然と書き並べられたものではありません。手紙はその全体が、あのイエスはキリストであると告白し、説明し、弁明しています。そして、ルカが友情を尽くした宣教師パウロが、手紙の大半を書きました。パウロの手紙は十三通あり、各地にできていった教会で朗読され、回覧されました。

◎パウロと蓮如の手紙は、ともに伝道の書

パウロの書簡は、いまだ見ぬローマ帝国の都ローマに向けて、イエスによる救いを論じた「ローマ人への手紙」から始まります。これは仏教における「論」に当たるものだとも言えます。それとは対照的に、「コリント人への手紙」二通はきわめて具体的・現実的な問題が取り扱われています。大都市コリントにみずから形成した教会は、世俗の問題にまみれるようになっていました。世俗社会の中で、キリストを信じる者がいかに生きるかが語られているのです。

太宰 治は、聖書は読むが教会には行かないという人でしたが、キリスト教にとって教会なき信仰はあり得ません。キリスト教会とは何かを説いた「エペソ人への手紙」があります。獄中で辛苦《しんく》に耐えながら、「喜びなさい」を繰り返す「ピリピ人への手紙」があります。キリストの宇宙的な偉大さを語る「コロサイ人への手紙」は、法華経《ほけきょう》における久遠《くおん》（永遠に説法する）釈迦説を思わせる手紙です。

しかし、私が最も好きな手紙は「ピレモンへの手紙」です。逃亡した奴隷オネシモを引き取った

パウロが、その主人ピレモンのところにオネシモを帰らせる時に書いて持たせた掌編《しょうへん》です。

当時は奴隷制度が厳然と存在していましたが、パウロは別に奴隷制度を崩壊させるための政治闘争をしたわけではありません。奴隷である信者には、キリストに仕えるように主人に仕えよと諭《さと》していたぐらいですから。キリスト信者となった主人ピレモンには、オネシモをキリストにある兄弟として受け入れてほしい、とパウロは書きます。オネシモのもたらした損害を私が支払います、とまで記しています。

日本の仏教者で手紙を最も書いたのは、浄土真宗中興の祖である**蓮如**《れんにょ》（一四一五～一四九九年。蓮如が生きた時代は戦国乱世。政情不安と飢饉が重なり、世の中は不穏だった。親鸞没後、浄土真宗は各派に分裂した。しかし蓮如の登場によって、浄土真宗は大きな勢力に発展していく。そのため蓮如は、「浄土真宗の中興の祖」とも呼ばれる。蓮如は十七歳で得度、父の存如とともに東国、東北を布教したのち、本願寺八世となる。蓮如の功績のひとつとして、僧と宗徒の関係を改革したことがあげられる。僧と宗徒が向き合って法話を聞く「平座」体制を確立。またこれまで僧の特権だった読経についても、「正信偈和讃」を配布し、誰でも読経ができるようにするなど旧態依然の体制を打破したことが、浄土真宗の拡大につながった。「正信偈和讃」は和文の歌で、念仏の大切さや喜びを称えるもの。もともと親鸞が用いたものだが、蓮如によって民衆の間に浸透したと言える。蓮如が晩年、隠居後に住んだのが大坂・石山の地で、これが後の石山本願寺となる。）でしょう。

祖師親鸞《しんらん》は思想家でしたが、蓮如は大衆に向かってやさしいことばで親鸞の教えを説きました。蓮如は人の心の琴線《きんせん》に触れるようなことばを用いて、「なむあみだぶつ」を唱える信者を獲得していったのです。**御文**《おふみ》（蓮如は真宗の教えを分かりやすい言葉で書き、全国の信者に送った。最初に書かれたのは一四六一年。以後、蓮如は八五歳で没するまで、二百数十通の御文を書いた。）に当たる伝道的かつ訓育的な手紙類が、新約聖書では大事な位置を占めているのです。

新約聖書の末尾は、ヨハネの黙示録です。迫害下にある諸教会を励ますことばが込められたこの書は、黙示文学というスタイルで書かれています。これは文章を読むというよりも、アニメーションを見るように読んでいくといいでしょう。悪魔的な権力をふるう国家を獣にたとえたりしていて、究極的には神の子キリストの勝利になることを語っています。

黙示録に出てくる「ハルマゲドン」とは、メギドの山という意味です。メギドは古戦場であり、日本で言えば「関ケ原」に当たるところです。終わりの日には、神とその敵対勢力である悪魔との「関が原の戦い」があって、最終的な決着がつくという予言が書かれています。

「これらのことをあかしする方がこう言われる。
『しかり、わたしはすぐに来る。』アーメン。主イエスよ、来てください。
主イエスの恵みがすべての者とともにあるように。アーメン。」（ヨハネの黙示録22章20～21節）

キリストの再臨《さいりん》を待望することばで、聖書六十六巻は締めくくられます。「アーメン」とは、「本当です。まことです」という意味です。「信」と書いて、「まこと」と読ませる名前があります。旧約聖書が書かれたヘブル語には「信じる」という動詞がなく、「アーメン」の動詞形である「アマン」が使われました。神に対して「アーメンです。まことを尽くします」ということは、神を信じますという意味になります。

聖書は、人のまことを何よりも大事にします。まことなる魂こそ、錯綜した人の世において得がたい宝です。その人がどんな業績を持ち、どんな地位や財産を築いたかに、聖書は興味がありません。その人の心にまことがあるかどうか、そのことにピタリと焦点が当てられています。

◎仏教は修行を重んじ、キリスト教は神からはじまる

三学とは、仏教における修行の基本項目です。「戒《かい》」「定《じょう》」「慧《え》」の三つがそれです。「戒」は基本的な規律を保つことを求めるもの。確かに何事かを成しとげるためには、まず規律ある生活というストイックな壁が必要になります。「定」は瞑想《めいそう》を行なって、精神統一を図ること。そして、瞑想修行によって心身を鍛えて、覚りの知恵すなわち「慧」を目指すのです。

仏教は人間の苦しみの原因を探り、内にある悪しき欲望や執着する心を問題とします。その迷った心を醒《さ》まさせるために修行をする。乱れやすい生活に規律を与え、散乱しやすい心を統一し、物事の本質を見抜く知恵を磨く。そして、何かに囚《とら》われている自己を解放し、自由にする覚りの達成

を目指すのです。これは生真面目な刻苦勉励の修行世界とも言えましょう。

この三学は出家修行者に対して説かれたもので、在家信者には別のことが教えられました。「布《ふ》施《せ》・戒《かい》・生天《しょうてん》」と呼ばれる三項目です。「布施」は出家修行者に金品を施すことであり、それによって自分に功徳《くどく》を積むのです。基本的な「戒」を持することは、修行者と共通します。功徳を積むことによって、死後により良いところとしての天に生まれること。これが在家信者に教えられました。天は六道輪廻《りくどうりんね》の一つの世界ですが、楽しみがありすぎて、それまでに貯めた功徳を使い果たすと、また落ちてきてしまうところで、最終的な到達点ではありません。自分の行ないの結果に追われる輪廻の悪循環から解放されるのは人間だけであり、出家修行して迷いから解脱した人だということになります。

修行に徹することのできない在家信者には死後、天に生まれることを説《と》くのが興味深いところです。修行解脱を宗《むね》としていますが、それをなし得ない人の存在を想定しています。逃げ場が作ってあるのです。後年、大乗仏教運動の中で、般若経などと並んで浄土三部経が書かれます。そこには、阿弥陀仏《あみだぶつ》の名を唱《とな》えることによって浄土に往生することが説かれています。やがて、それは修行解脱を目指す難行道に対して、易行道だと自覚されるようになります。自己の課題を克服できない「悪人」に救いの手が差し伸べられるところに、宗教のもう一つの真実の姿があると私は思ってい

三　学

戒《かい》　基本的な規律を守り、正しい生活をすること。
在家信者が守るべき五戒は以下の通り。
1. **不殺生戒**《ふせつしょうかい》　生き物を殺さないこと。
2. **不偸盗戒**《ふちゅうとうかい》　人の持ち物を盗まないこと。
3. **不邪淫戒**《ふじゃいんかい》　夫婦以外の性交をしないこと。
4. **不妄語戒**《ふもうごかい》　嘘をつかないこと。
5. **不飲酒戒**《ふおんじゅかい》　酒を飲まないこと。

定《じょう》　心身ともに静かにして瞑想に励み、精神統一をはかること。
インドの宗教に共通するヨーガの修行がこれに当たる。

慧《え》　覚醒した精神でものごとの真実を見極めること。
戒も定も慧の獲得のためである。

六道とは輪廻の世界

天　神々の住むところで、人間界にはない歓楽のある理想郷だが、到達点ではなく、積んだ功徳を使い果たしてしまえば、他の世界に転生する。

人間　人間だけが、六道の転生から解脱して抜け出すことができる。そのためには、出家して修行に励み、覚りに至らなければならない。
天と人の二つは良い行ないを積むことのできる「善趣」と呼ぶ。

修羅　闘争してやまぬ者の世界。五道と数える場合は除かれる。

畜生　人間以外の動物の世界。

餓鬼　常に飢えと渇きに悩まされる苦しい世界。

地獄　苦難に満ちた最も過酷な世界。
修羅・畜生・餓鬼・地獄の四つを、良い行ないを積むことのできない「悪趣」と呼ぶ。

ます。

仏教の三学に対して、キリスト教の三要綱として「神、罪、救い」を挙げることができます。「戒・定・慧」とくれば、これは修行を中心とした宗教であることが分かります。般若心経の般若の意味は覚りの智慧であり、三学を踏まえた仏教の本流を行く経典です。これに対してキリスト教は、とにもかくにも「神」の存在から始まります。その「神」に対して人は本来の姿ではない、つまり「罪」がある。原罪が存在することが第二点です。そして、その「罪」からの「救い」は、人間の外からくる。その「救い」にいかにしてあずかるか。キリスト教は「神・罪・救い」の三要綱を語っている宗教です。

◎「神」「罪」「救い」がキリスト教の根本

「初《はじ》めに神が天と地を創造された。」(創世記1章1節)

なにしろ聖書は、この一文をもって始まるのです。この天地を創造した神が存在する。その創造主なる神は、人をご自身に似せて造られた。どこが似ているかというと、それは働くことであると言うのです。

「神である主は人を取り、エデンの園《その》に置き、そこを耕させ、またそこを守らせた。」
（創世記2章15節）

エデンの園は楽園だと一般にはイメージされていますが、実は労働の場所でした。神の造られた世界に人は鍬《くわ》をおろし、野菜や家畜を育て、そこに住む生き物を、守らなければなりません。苦心して働き、何かを新たに生み出した時、人は創造の喜びを感じ、満たされた休息を味わう。そこが創造主なる神に似ているというのです。

旧約聖書の詩篇の中に、人として生まれたことの不思議を歌う一篇があります。

あなたの指のわざである天を見、
あなたが整えられた月や星を見ますのに、
人とは、何者なのでしょう。
あなたがこれを心に留《と》められるとは。
人の子とは、何者なのでしょう。

あなたがこれを顧《かえり》みられるとは。
あなたは、人を、神よりいくらか劣るものとし、
これに栄光と誉《ほま》れの冠《かんむり》をかぶらせました。
あなたの御手《みて》の多くのわざを人に治めさせ、
万物《ばんぶつ》を彼の足の下に置かれました。

（詩篇8篇3〜6節）

天地創造の神に似たものとされたことは、目もくらむような人の光栄です。そして、私は神ではなく、造られた人にすぎないと自覚することが、その節度が人の知恵というものです。ところが人は、神のごとくなりたい、神のような知恵を得たいという誘惑に陥ってしまいます。そして、神に背を向け、みずから神のごとく生きようと試みます。ここから人の堕落は始まったのでした。

神に似せて造られたことは、確かに人の栄光でしょう。しかし、自分は神だと勘違いすることは、人の悲惨となります。その勘違いこそが「罪」であり、神の怒りを買うところです。強欲であるとか、不正を働くといったレベルの問題ではありません。もっと深いところにある魂のレベルで、人が根本的におかしくなってしまったことが「罪」なのです。魂のボタンを掛け違ってしまったこと、

それが人の「罪」です。
　これがキリスト教の第二要綱「罪」ですが、それは天地創造の神を抜きにしては語れません。第一要綱としての「神」の存在から、キリスト教は始まります。そして、「罪」に陥った人を救い出すのも「神」であり、それが第三要綱「救い」につながります。

◎神は人を探す。「あなたは、どこにいるのか。」

　魂のボタンを掛け違えてしまった人の「罪」が「罪」だけに、これは人の手に負えないものがあります。人は無意識に創造主なる神を嫌っており、神から身を隠そうとする。神ではないのに、神のごとくに錯覚している人の正体は、空《うつ》ろであるからです。空ろな自分の正体を暴《あば》く人物がいるとしたら、私たちはその人を本能的に避けるだろうし、深いところでその人を憎悪するでしょう。人はそのように神を忌避《きひ》するようになったことを、聖書は語っているのです。

「そよ風の吹くころ、彼ら（アダムとエバ）は園を歩き回られる神である主の声を聞いた。それで人とその妻は、神である主の御顔を避けて園の木の間に身を隠した。神である主は、人に呼びかけ、彼に仰せられた。

『あなたは、どこにいるのか。』」　（創世記3章8〜9節）

この美しい描写が私は好きなのですが、屈折した心を抱える人を神は捜し続けておられます。「あなたは、どこにいるのか。」これは今も、神が私たち一人ひとりに語りかけられることばです。だから、これは犯罪としての「罪」の問題でもありませんし、仏教が見事に煩悩《ぼんのう》と呼ぶ人間の悪性の問題でもありません。どちらかと言えば、どこかで狂ってしまった親子の行き違いの問題に近いものです。近親憎悪という言葉があるように、歩み寄ることはお互いに難しいし、骨肉の争いはそれだけ熾烈《しれつ》なものになりやすいのです。

歩み寄ろうとしたのは、人ではなく神です。神が人に歩み寄ろうとして、人の姿を取り、人の世に降られた。旧約聖書は、処女が男の子を産むことがキリスト（救い主）降誕のしるしであると語っています。誕生ではなく、降誕《こうたん》です。そして、二〇〇〇年前にイスラエルのベツレヘムで大工ヨセフの婚約者マリアの産んだ男の子イエスが、旧約聖書の予言したキリストであると告白するのが、キリスト教なのです。キリストであるイエスという意味で、イエス・キリストと言います。

繰り返しますが、人は神を嫌い、避けている。神が人となって地上に来られたとしたら、人はその人（神）を本能的に嫌悪し、それこそ殺そうとするでしょう。イエスを最も嫌ったのは、当時の宗教家たちでした。無名の教師イエスの評判が高くなるほどに、お株を奪われた格好の宗教家たちはイエスに嫉妬し、次第に殺意を抱くようになっていくのです。

◎イエス・キリストの十字架こそ、神の人への愛を示す

イエスを裏切った弟子・イスカリオテのユダの手引きによって、宗教家たちはイエスを捕らえ、官憲に引き渡します。メル・ギブソン監督の制作した映画『パッション Passion, 2004』は、そこからを、そしてその部分だけを可能な限りリアルに描こうとした作品です。何の説明もないので、キリスト教の予備知識もないまま、これだけを見せられた人には単なる残酷映画になりかねません。それも相当にエグイ残酷映画です。

しかし、そこで起こったことは、人に歩み寄ろうとして、神が人になられたということです。その神（人）を人は無意識に憎悪し、ついに殺すに至る。当時のイスラエル人にとってイエスを殺すためには、ローマ総督ポンテオ・ピラトの命《めい》を受けなければなりませんでした。だから、ピラトの裁可を求めたのですが、ピラトは迷った末に暴動の危険を察知して、イエスの十字架刑を許可してしまいます。当時のローマ帝国の死刑方法は十字架刑でした。

立てられた木の上に生きながら串刺しにするこの処刑方法は、時間をかけて人をじっくりと殺し

ていく拷問《ごうもん》みたいなものです。手首と足首を犬釘《いぬくぎ》のようなもので木に打ち付けると、人はそれほど時間がかからないうちに、体重を支え切れなくなって呼吸困難に陥り、絶命します。だから、ちょうど腰のあたりに小さな椅子のようなものを付けます。この「助け」が、罪人の苦しみをできる限り長引かせることになったのです。しかも、隠すすべもなく裸にされて、衆人の潮笑の前にさらされるのですから、恥と苦しみの中で狂い死にする者もいたそうです。

しかし、これは古代的な残虐さの表れたローマの十字架刑の実態であって、このような残酷な殺され方をしたことに意味があるわけではありません。大切なのは、人となった神を人は忌避し、憎悪し、殺戮《さくりく》したことなのです。関係の壊れてしまった子どものところに近づこうとして、わが子から殺意を向けられた親が、わが子の突きつけた刃物を避けず腹に受けたとしたら、それは親としての愛情ゆえでしょう。そのために、親が失血死したとして、そのために子どもが親の愛情に気づくかどうか、それは分かりません。しかし、親は失った子どもの心を取り戻すために、いのちを賭けたことは確かです。

人の姿（キリスト）を取ってまで人に近づこうとした神の心は、そんな愚かなまでの親の子どもへの愛情に近いものです。神に向けられた人の刃《やいば》を、神は避けませんでした。もし、自分が死ぬことによって、子どもが親の愛情に気づいて、死にゆく親に詫びたとしたら、親は無条件にわが子の罪を赦《ゆる》すでしょう。その時、失われていた子どものいのちは回復されます。それこそ、人が「救われる」ということなのです。

「救い」とは、自分から離反した子どもの心を、その親がいのちをかけて取り戻すということです。子どもにとっては、親を殺した果てにようやく我に返って、親の子である自分を取り戻すということです。

聖書は、親である「神」が、「罪」のゆえに心傷ついた人を「救い」、わが子として回復させることを語ります。「罪」ある人間は、魂の父である「神」の無比の犠牲によって、「救い」をいただくのです。この「神」「罪」「救い」が、キリスト教の三要綱です。

最後に、聖書の中の聖書と呼ばれることばを紹介しておきましょう。

「神は、実に、そのひとり子（イエス・キリスト）をお与えになったほどに、世を愛された。それは御子（イエス・キリスト）を信じる者が、ひとりとして滅びることなく、永遠のいのちを持つためである。」

（ヨハネの福音書3章16節）

十字架にかかって死んだのは、人となった神のひとり子イエス・キリストです。神はひとり子を人の世に遣わして犠牲にするほどに、「罪」ある人を救い出したいと願われた。その神の慈しみを「アーメンです」と、「まことです」と受け止める者は救われる。「キリストを信じる者は救われる」とは、そういう意味です。キリスト教は「神」の存在から始まって、その全体が「神」と人とのドラマであると言えます。「罪」ある人の「救い」を命がけで求める「神」を、キリスト教は説いているのです。

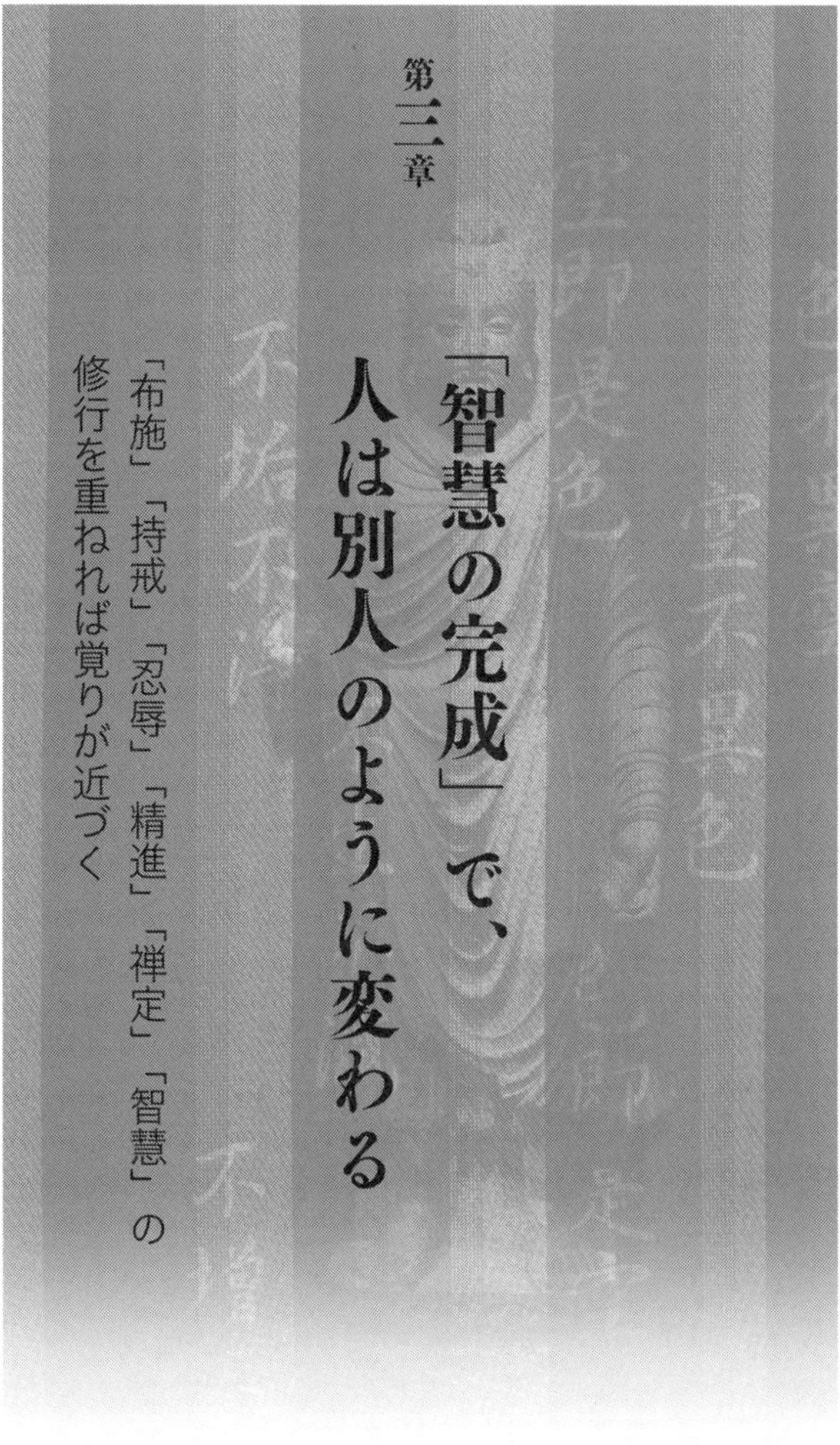

第三章

「智慧の完成」で、人は別人のように変わる

「布施」「持戒」「忍辱」「精進」「禅定」「智慧」の修行を重ねれば覚りが近づく

第三章で解説する経題◎

般若波羅蜜多心経

唐三蔵法師玄奘訳

観自在菩薩　行深般若波羅蜜多時　照見五蘊皆空　度一切苦厄
舎利子　色不異空　空不異色　色即是空　空即是色　受想行識　亦復如是
舎利子　是諸法空相　不生不滅　不垢不浄　不増不減　是故空中
無色無受想行識　無眼耳鼻舌身意　無色声香味触法　無眼界乃至無意識界
無無明亦無無明盡　乃至無老死　亦無老死盡　無苦集滅道　無智亦無得
以無所得故　菩提薩埵　依般若波羅蜜多故　心無罣礙　無罣礙故　無有恐怖
遠離一切転倒夢想　究竟涅槃
三世諸佛　依般若波羅蜜多故　得阿耨多羅三藐三菩提
故知般若波羅蜜多　是大神呪　是大明呪　是無上呪
是無等等呪　能除一切苦　真実不虚故　説般若波羅蜜多呪　即説呪曰
掲帝掲帝　般羅掲帝　般羅僧掲帝　菩提僧莎訶　般若波羅蜜多心経

此岸から彼岸への旅を、
般若心経が導く

◎経題「般若波羅蜜多心経《はんにゃはらみたしんぎょう》」から、何を読み取るか？

般若心経を暗唱される方は、「摩訶《まか》般若波羅蜜多心経」と口をついて出られるでしょう。玄奘訳般若心経には無いのですが、経題の上に「摩訶《まか》」あるいは「仏説摩訶」が、日本の読誦用般若心経には付け加えられます。非常に不思議なことを意味する、「摩訶不思議」という日本語があります。「摩訶」はサンスクリット語のマハーの音写で、大きなということを意味します。大乗仏教の「大乗」のサンスクリット語がマハーヤーナであり、大きな乗り物を意味します。僧院にこもって修行学問に専念する僧侶たちの仏教を小さな乗り物（小乗：ヒーナヤーナ）だと批判し、「覚《さと》りを目指す、すべての人を乗せる大きな乗り物（マハーヤーナ）を用意したい」という心意気が感じられます。

般若経は大乗仏教の先頭を切って書かれた経典ですが、「摩訶」の二字に、その熱い思いを読み

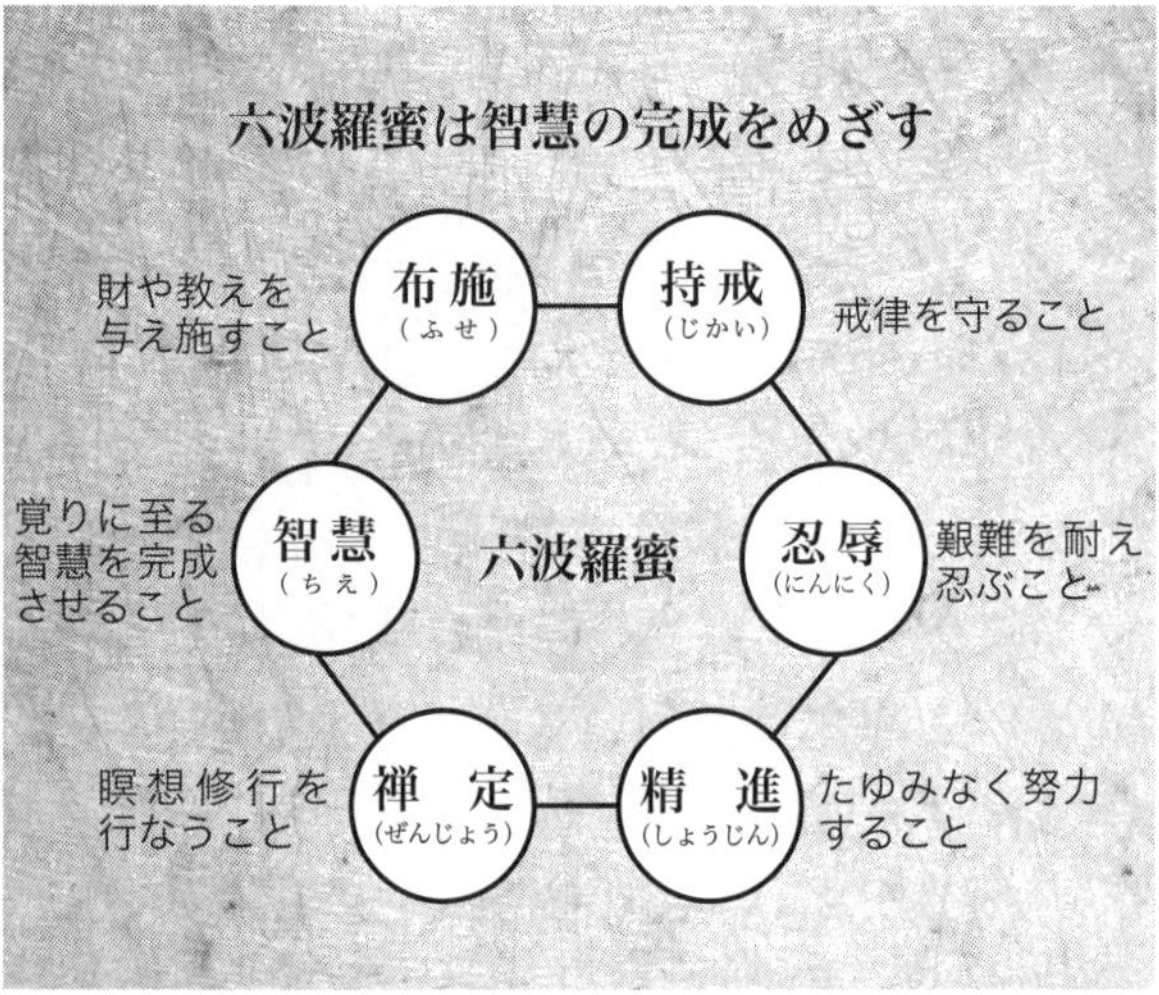

取りたいと思います。

「般若波羅蜜多」とは、智慧の完成という意味になります。「般若」という中国語に、特に意味はありません。これはサンスクリット語でプラジュニャー、その俗語としてのパーリ語でパンニャーの音写語です。その意味は知恵ですが、私たちがよく使う意味での「知恵」ではありません。

ブッダの覚《さと》りの知恵を意味し、一般的な知恵と区別するために「智慧」という漢字が使われることが多いようです。本書の使用法も同様です。

ブッダの覚りの智慧を意味する「般若」は、仏教では究極の目標であり、到達点です。キリスト教的な表現をすれば、仏教は智慧による救いを与える宗教だと言うことができます。仏教が目指すのはあくまで覚りであって、救いという用語そのものが仏教にはなじまないことは、私も知っています。しかし、キリスト教との対比を行なうため、あえて智慧による救いという表現を使わせていただきます。仏教という宗教の基調には、知恵を愛する古代ギリシア哲学に近いものがあるからです。

「波羅蜜多」は、一般に「般若心経」と呼ばれる時に省略される語です。「波羅蜜多」もまた、サンスクリット語のパーラミターの音写語で、その意味は完成になります。もっとも、語釈にこだわると二説あって、完成という意味でなく、彼岸《ひがん》に行き着いたという意味にもなります。**此岸《しがん》から彼岸に渡る**（此岸とは迷いと苦しみといった、煩悩に満ちた今生きている世界、彼岸は覚りを開いた人が住む世界と大きく分類できる。誰でも向こう岸に渡りたい。しかし、それは簡単なことではない。仏教が向かう宗教世界を見事に表した比喩表現である。般若心経は智慧の完成によって、その川を越えようと説く。）こと、それはまさに仏教における完成を意味します。その意味合いも込めて、本書では「波羅蜜多」を完成という意味でとらえていきます。

◎般若心経は、「英知の完成」を人々に与えようとする

では、「般若波羅蜜多」はどのような意味になるのでしょうか。大切な用語なので、現代の学僧の翻訳にも力が入っていて興味深いものがあります。以下に紹介しましょう。

「智慧の完成」……**中村元**（仏教学者、インド哲学者。比較思想学を日本で開拓し、『東洋人の思惟方法』の日本語版・英語版ともに古典的な評価を得ている。『世界思想史』にまで学問の分野を広げ、日・英語で多くの著作がある。）・**紀野一義**（仏教学者。在家仏教団体・真如会の創設者で主幹。著書として『いのちの世界・法華経』（筑摩書房）などがある。）

「英知の完成」……………………渡辺照宏（仏教学者。博覧強記の人。著書として『仏教』『日本の仏教』『お経の話』『死後の世界』（いずれも岩波新書）などがある。）
「智慧の救い」……………………金岡秀友（仏教学者。『密教の哲学』他著書多数。『金岡秀友選集』全一〇巻がある。）
「智慧という完成・彼岸に到った智慧」……立川武蔵（宗教学者。国立民族学博物館名誉教授。専攻は仏教学・インド哲学、『ブッディスト・セオロジーⅠ〜Ⅳ』他著書多数。）

「智慧の完成」が、最もオーソドックスな訳語でしょう。「智慧の救い」とした金岡秀友氏は少し冒険して、「救い」というキリスト教用語を用い、より広い表現を目指したのかもしれません。立川武蔵氏だけはサンスクリット文法の理解が異なっており、「智慧という完成」、あるいは「彼岸に到った智慧」を提案しています。

私が個人的に好きなのは、渡辺照宏氏の「英知の完成」です。仏教には古代ギリシア的な英知の香りがあって、そういう意味での普遍性を表そうとしたのかもしれません。何よりブッダの覚りの智慧を英知と言い切った広さが好きなのです。渡辺照宏氏は五十カ国語をよくした人で、青版の岩波新書に『外国語の学び方』（一九六二年）を書いています。新約聖書もギリシア語で読んでいたほどの達人です。あまり本を書かなかった大学者ですが、学会に出席されているだけで、列席者は恐れをなしたという逸話があるそうです。

「心経」の「心」はサンスクリット語フリダヤの意味を表す訳語を当てています。中心、核心、精髄という意味です。英語で般若心経は、「ハート・スートラ」と訳されます。岩波文庫『般若心経・金剛般若経』は、ハート・スートラとダイヤモンド・スートラのテキストということになります。

だから、般若波羅蜜多心経は、覚りの智慧の完成・英知の完成の精髄を示す経典ということになります。般若経典全体が智慧の完成を説いていますので、そのエッセンスを抜き出したものとも言えます。エッセンスですが、仏教の深い教えがコンパクトにまとめられているからこそ、日本人には人気があるのでしょう。

先に紹介したジャン・ナティエの般若心経理解の新説は、『大般若経』の一節をそのまま抜き出して、それを核として般若心経が作られた、というものでした。私としては、般若心経をそのように理解して読んでいきたいと思います。つまり、般若経典の精髄を示しているコンパクトなテキストとして読んでいきたいと思うのです。

◎最初の仏像の顔はギリシア人

私はある博物館で、実に印象的な仏像と対面したことがあります。盛り上がった頭頂部はもちろん、超人的なブッダの形姿である三十二相の一つを示しています。右手首は折れて失われていましたが、指をまっすぐに上げた施無畏印《せむいいん》（畏《おそ》れる必要は無いという励ましの印）という印相《いんそう》を示しているように想像できます。左手は裳《も》をつかんでいるものの、その裳裾《もすそ》の流れるようなラインはなんとも異国的です。

そして、何よりもこの面差《おもざし》は明らかにギリシア人のものです。さながらインド風に造られた古代ギリシア彫刻のようでした。

この仏陀《ぶっだ》立像は二世紀のインド、ガンダーラのものでした。片岩で彫られ、高さは九十一センチ。このように仏を人物の像に彫られるようになったのは、ガンダーラが最初であり、紀元一世紀末からとされています。この仏像はまさに最初期の仏像です。最初期の仏像はギリシア神話のアポロンのような面差しを持っているため、「アポロン仏」とも呼ばれました。

仏像研究の第一人者である高田修氏は、仏像が造られるようになったのは紀元一世紀末のガンダーラが最初であり、少し遅れてマトゥラー（ヒンドゥー教の聖地のひとつ）で紀元二世紀初めからとしています。もともとインドでは、仏像不表現という伝統がありました。ブッダの姿は菩提樹《ぼだいじゅ》で暗示し、身体的な表現としては足の裏を描くくらいでした。すなわち、仏足石です。古代インドでは、人間の姿にブッダを描くことは忌避《きひ》されていたのです。その伝統が破られて仏像表現がされるようになったのは、神々を人物像として表現してきたギリシアの影響だと言えます。**アレクサンダー大王**（ギリシア・マケドニアの国王。紀元前三三六年に王位に就いた。きわめて優秀な軍人であり、ギリシア国内、ペルシャを制圧、さらにインダス川を越えて、インドまで攻め込んだ。三十三歳で病死。）の遠征はインドにまで及んでおり、ギリシア文化の種は広く蒔《ま》かれ、仏像不表現のインド文化にまで革命的な変化を与えたのです。

ほぼ同時期に、ガンダーラより南方のマトゥラーで少し異質な仏像彫刻が始まっています。こちらにはギリシア彫刻の趣はなく、体型も幾分ずんぐりとしています。ガンダーラでの激変の影響を受けて、幹線道路沿いにあるマトゥラーでも、造形的には独自性を保ちつつ、一気に仏像表現が始まったのだろうと推測されます。仏像の起源については、東京国立文化財研究所美術部長を務《つと》められた高田 修氏の大きな研究があります。高田氏は『仏像の誕生』（岩波新書、一九八七年）という教養書も出しているので、参照してください。

アポロン仏の話を紹介したのは、般若心経の世界がギリシア的であることを言いたかったのです。こんなことを言いますと、「冗談ではない」と反発されるかもしれません。しかしそれは般若心経の価値を下げるものではなく、むしろその深淵さに光を当てることだと、私は思っています。

何より仏典の書かれたサンスクリット語は、ギリシア語と同類の言語です。私は神学校を卒業して牧師になると同時に、佛教大学に編入してサンスクリット語やパーリ語の手ほどきを受けたのですが、あまりに似ているので驚いてしまったほどです。日本語のように「てにをは」をくっつけることで、単語間の関係付けをするのではなく、単語そのものが変化することによって関係づけられ

コイネー・ギリシア語とサンスクリット語「格」の比較

	コイネー・ギリシア語	サンスクリット語
主　格	〜は	〜は
属　格	〜の	〜の
与　格	〜に	〜に
目的格	〜を	〜を
呼　格	〜よ！	〜よ！
具　格	与格に含む	〜によって（道具・方法）
従　格	属格に含む	〜から（動作の出発点）
処　格	与格に含む	〜において

ます。男性・女性・中性の区別、単数・複数（サンスクリット語には二つを意味する両数も区別する）の区別、主語になるのか目的語になるのかどうかの区別も、単語の末尾が変化することによって表されます。動詞が現在のことを言うのか、過去の一点のことを言っているのか、現在に結果の波及している過去のことを言っているのかも、動詞そのものが微妙に変化して区別されていくのです。

ギリシア語にしてもサンスクリット語にしても、文章を読んでいくと、単語同士が連動してパタパタと変化をしていきます。曖昧《あいまい》さを許さずに、建築物を組み上げていくような印象を受けるのです。このような明晰《めいせき》で構造的な言語になじみにくいように、合理を尽くして普遍的な真理を求める知恵の世界に、日本人はあまり親しんでこなかったように思います。ところが般若心経は、明晰で精緻な構造をもつ言語で書かれたとされるお経です。なぜ、日本人は般若心経だけは受け入れたのでしょうか。

次項では、仏教の開祖であるゴータマ・ブッダについて触れつつ、その謎に迫ってみたいと思います。

◎仏教と般若心経の出発点はゴータマ・ブッダ

知恵による救いを目指す仏教の出発点は、言うまでもなく開祖ゴータマその人です。開祖は一般的に、「お釈迦さん」とか「ブッダ」と呼ばれます。私が仏教を学んだ佛教大学では、「釈尊」という尊称が使われることが普通でした。正式な名称は、姓がゴータマ（最高の牛という意味）、名がシッダールタ（完成した人という意味）です。

英語圏ではゴータマ・ブッダ（Gautama Budha）と呼ばれますが、これは多分にイエス・キリストを意識した呼称でしょう。イエス（救いという意味）は個人の名であり、キリストは救い主（ヘブル語ではメシア）を意味する称号です。メシアのもともとの意味は、油を注がれた者という意味になります。イスラエルにおいて王・預言者・大祭司が任職される時、当人の頭に高価な香油がたっぷりと注がれました。王・預言者・大祭司としてこの世を救う者の称号がキリストとなったのです。

キリストであるイエスという意味で、イエス・キリストと呼ばれるわけです。

これに対してゴータマは、個人の姓であり、ブッダは覚醒した人・目覚めた人を意味する称号です。「目覚める」を意味する動詞の過去分詞形がブッダであって、これが「覚者」を意味する名詞になりました。ゴータマ・ブッダはブッダ（覚者）であるゴータマという呼称であり、ゴータマはブッダであるという信仰告白を内包した名称でもあります。これは、イエスはキリスト（救い主）であると告白するのと相似形と言えます。本書では、ソクラテスはソクラテスと呼ぶように、ゴータマその人の姓をもってゴータマと呼ぶことにしています。

ゴータマは、現在のネパールに位置するヒマラヤ山麓のシャカ部族の皇太子として生まれた人です。生きた時代は紀元前四六三～三八三年、あるいは紀元前五六六～四八六年と、百年のずれを持つ二説があります。仏滅年代だけをテーマにする学会まであるほどで、ゴータマの年代は仏教学において大問題となっていますが、何か新しい資料が出ないかぎり解決はつかないでしょう。そこで、紀元前六～五世紀に八十年生きた人と考えればいいと思います。仏教にとって、あるいは般若心経を人生の指針にする人にとって、古代の一〇〇年の差などたいした問題ではありません。

ゴータマの宗教者としての出発点は、人間の苦しみへの共感でした。物思いに耽《ふけ》りやすい皇太子

ゴータマの生涯と伝道に関する主要地

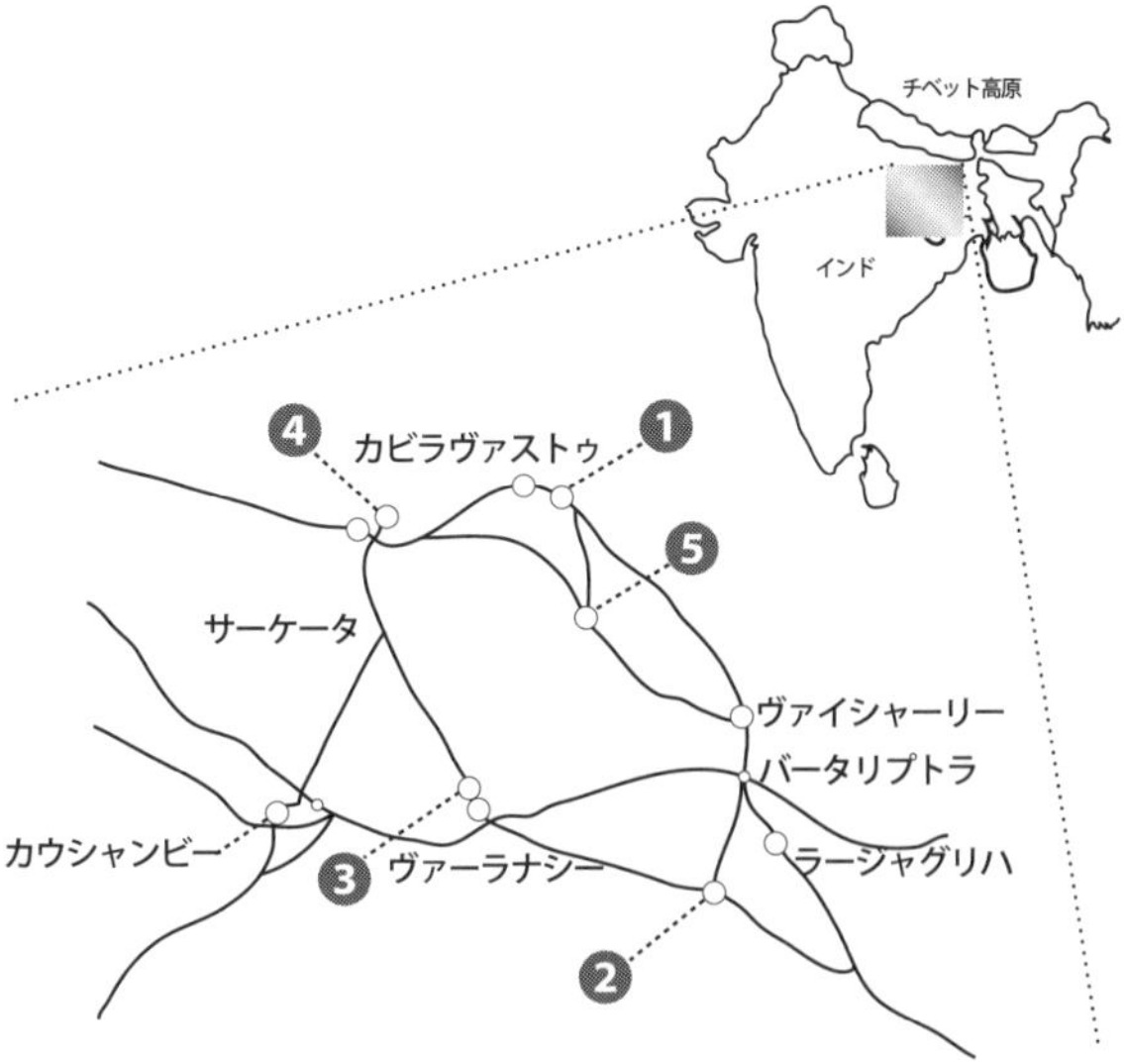

❶ルンビニー……………………ゴータマ生誕の地
❷ブッダガヤ……………………覚りを開いた地
❸サールナート…………………初めて説法をした地
❹シュラーヴァスティー……伝道の中心地
❺クシナガラ……………………ゴータマ入滅の地

を、父王ビンビサーラは気晴らしに外出させます。王子は都の東南西北にあった門から郊外に出かけますが、それぞれの方位で老人に、病人に、死人に、そして出家修行者に出会います。これは「四門出遊《しもんしゅつゆう》」として、後代に定型化された話ですが、生老病死の苦しみを抱える人間の現実に深く思いを致した若きゴータマの姿をよく示していて、私の好きな話です。

ゴータマはヤショーダラーと結婚して一子ラーフラをもうけながら、二十九歳で出家してしまいます。インドの宗教的伝統では、人生を四つの時期に分けて「四住期《しじゅうき》」と呼びます。独身時代の「学生期《がくしょうき》」から、結婚して家長としての責任を果たす「家住期《かじゅうき》」、息子に家長としての責任を譲って修行に出る「林住期《りんじゅうき》」、そして、いよいよ死に向かっていく「遊行期《ゆぎょうき》」の四つです。この「四住期」の人生観からすれば、出家は家長としての責任を果たし終えた老年期にして、はじめて許されるものです。しかしゴータマはそれまで待っておれずに、二十九歳で出家に踏み出したのでしょう。当時、伝統的な宗教や思想に飽き足らず、新しい世界を開拓しようとする自由思想家たちが、インドの森林で活動しはじめていました。ゴータマもまた、今の言葉で言うと進歩的知識人として登場してくるのです。

六年間の森林修行の末に、菩提樹《ぼだいじゅ》のもとで瞑想《めいそう》中に彼がたどりついた境地を、覚《さと》りと言います。これが「般若」の原点です。ゴータマは人間の苦しみの原因を、人間の悪しき欲望や止やむことのない執着に求めました。人間の欲望を燃え盛る火にたとえて、煩悩《ぼんのう》と表現されたのは見事としか言いようがありません。人間の苦しみの原因は、さらに根源的な迷いにさかのぼり、無明《むみょう》と表現されます。だから、その無明の闇を破る覚りの智慧が求められたのです。そして、その覚りの智慧が人を苦しみから解脱《げだつ》させる、つまりは救うのであると理を尽くして考察していきます。

般若心経は大乗仏教の先駆けをなした般若経典の一つですが、それはゴータマの原点に回帰しようとするものです。般若の智慧を説くこの大乗経典は、智慧による救いを説くゴータマの原点に立ち返ろうとしているのです。したがって般若心経を読みとくことは、ゴータマ・ブッダの宗教世界に向かい合うことと同じと言ってもいいわけです。西洋の歴史において、キリスト教は常にギリシア思想と向かい合うことを余儀なくされてきました。そのように、アジアの日本において、キリスト教がこのきわめてギリシア的なインド仏教と向かい合うことは、非常に意味のあることだと思います。しかし、先ほども述べたように、そこでどうしても仏教の世界とは異質な日本というものに突き当たることになるのです。

◎般若波羅蜜多とは、「覚りの智慧の完成」を意味する

一九八四年に京都聖書教会の牧師になって以来、私は二十余年にわたって京都に住みました。京都人にとってはまだまだ新参者にすぎないかもしれませんが、私個人の人生の中では一番長く住んだ土地になりました。二十余年前、初めてこの教会での仕事に行くために、北山通と堀川通の交差点にある上堀川のバス停で降りたのは、一月半ばのことであったと思います。雪を頂いた比叡山《ひえいざん》が東に見えましたが、そこから吹き降ろしてくる風の冷たかったことは今でも忘れられません。それが私にとって、京都での生活の第一印象でした。

「京都の冬は寒ないとあかん。夏は暑ないとあきまへん。**祇園祭**（京都八坂神社の祭礼。一一〇〇年以上の歴史を持つ。古くは災厄（さいやく）の祓（はら）いを祈願するために始まった。毎年七月一～三十一日まで、一カ月という長丁場の祭である。）は一番暑い夏の盛りに、鉾《ほこ》がギラッと光るのがええんや。先生も一度見に行ってみなはれ」。

私が牧師になったころ、教会の古老からそのように言われたのを覚えています。大阪で生まれ育った私にとって、京都の冬は厳しく、夏の暑さも厳しいものがありました。しかし、知らないうちに京都の水に慣れ、自分のからだが京都の気候に順応していったのだと思います。やがて冬の寒さ、夏の暑さがくるのを自分のからだが待ち受けるようになっていきました。

京都観光と言えば、**清水寺**《きよみずでら》（開基（七七八年）は延鎮《えんちん》上人。本尊は千手観音。当初は法相宗に属したが、現在は離脱して独自の大本山となる。日本でも有数の観音霊場であり、参詣者の姿が後を絶たない。建造物や所蔵美術品には重要文化財も多い。）

が第一の人気スポットでしょう。二年坂から三年坂を登って、清水坂に至るあたりはいつも多くの人で賑わっています。ところが、その清水坂を西へ下り、東大路通を越えて松原通に至ると、急にひっそりとした町並みに入ります。「六波羅《ろくはら》」と呼ばれる地域で、お盆の時には六道参りの参詣人であふれる六道珍皇寺や、**空也上人**《くうやしょうにん》像（写真醍醐天皇の皇子と言われるが、生年など不明の点が多い平安時代の僧。踊り念仏の祖とも言われる。道を拓いたり、病人を救ったりと、人々の平安のために尽くした。）のある六波羅蜜寺があります。私は空也上人像を見るために、六波羅蜜寺を一度訪ねたことがあります。口から六体の阿弥陀像が出ている空也上人像は、歴史の教科書で見ていましたが、あまりに目の前で見て驚きました。口中から突き出た六体の阿弥陀像よりも、玉の入った目を持つ像のなまなましさのほうが心に残りました。

このあたりの地名は、もともと東大路通から東側の鳥《とり》辺野《べの》とあわせて、「六原《ろくはら》」と表記されていました。六の「ろく」は霊の古語で、霊の多く集まる野という意味で六原と呼ばれたようです。空也上人が興《おこ》した西光寺《さいこうじ》も、最初は「六原の寺」と呼ばれていました。その弟子の中信が、仏教語の「六波羅蜜」を当てて「六波羅蜜寺」と改

めたということです。

やがて平家全盛のころ、平正盛《たいらのまさもり》が六道珍皇寺から借地して邸宅を建てたことから、清盛時代には平家の邸宅が建ち並ぶようになります。平清盛《きよもり》は「六波羅殿」と呼ばれていました。平家が源氏に敗れて都を去ったあと、鎌倉幕府はここに朝廷を含む西日本を監視するため、「六波羅探題《ろくはらたんだい》」を置きます。もとは墓場であった所に、京の歴史が堆積しているのです。

何か京都の観光案内のようになってしまいましたが、「六波羅蜜寺」から仏教用語としての「六波羅蜜」について書きたかっただけです。「般若波羅蜜多」は、覚りの智慧の完成を意味します。彼岸に至る完成を意味する「波羅蜜多」は、大乗仏教における修行徳目とされます。「布施《ふせ》」・「持戒《じかい》」・「忍辱《にんにく》」・「精進《しょうじん》」・「禅定《ぜんじょう》」・「智慧《ちえ》」の六つを数えて、「六波羅蜜」と呼ばれるようになります。章の冒頭でも示しましたが、もう一度、次頁の表で紹介します。サンスクリット語のパーラミターを音写しているので、「波羅蜜多」も「波羅蜜」も同義です。ここでも最後が「智慧波羅蜜」であり、覚りの智慧による英知の完成を目指しています。そこで順を追って、説明していきたいと思います。

◎「布施波羅蜜」は第一の修行

第一の「布施」は与えること、つまり施しを意味します。サンスクリット語ではダーナと言い、

六波羅蜜とは智慧の完成

「布施《ふせ》」 財や教えを与え施すこと。
「持戒《じかい》」 戒律を守ること
「忍辱《にんにく》」 艱難を耐え忍ぶこと。
「精進《しょうじん》」 たゆみなく努力すること。
「禅定《ぜんじょう》」 瞑想修行を行なうこと。
「智慧《ちえ》」 悟りに到る智慧を完成させること。

これを音写したものが「檀那《だんな》」です。寺への寄進という行為が、寄進を行なう人を意味するようになりました。寄進を受ける寺が檀那寺となります。純然たる仏教用語ですが、今では「うちの旦那」とか軽い日常語として使われるようになっています。経済を支える人という意味で、夫を旦那と呼ぶようになったのでしょう。

「檀那」は「檀家《だんか》」とも言われますが、日本での檀家制度の成立はキリスト教弾圧の歴史と深く関わっています。江戸幕府はキリシタン禁制を徹底させるために、キリシタンでないことの身分証明を求めるに至ります。寛永年間のことですが、「寺請証文《てらうけしょうもん》」と呼ばれる身分保証書を仏教寺院に発行させることにしました。その結果、誰もが近在の寺と檀家としての関係を結ばなければ生きていけなくなりました。今日の檀家制度は、江戸時代のキリスト教迫害を機に成立したものです。

布施とは与えるという意味であり、出家教団が自己の覚《さと》りのための「自利」の修行だけに走っていたことへの批判がこめられていました。「自利」でなく「利他」を第一にするということです。むしろ「他者に与えることを修行の第一にしよう」という布施波羅蜜を一番に置いた、大乗仏教運動の心意気がここにあります。

般若心経を唱《とな》えるだけではダメなのです。覚りを開くためには「私」を捨て、他者に尽くさなければなりません。

◎「持戒波羅蜜」は規則正しい生活のすすめ

第二の、「持戒」は、戒律を保つことです。ここにきて、原始仏教の修行徳目の第一番目が出てきます。先に述べたように、戒は生活の基本規律を意味し、まず規則正しい生活をすることが求められました。そのストイックな土台の上に、瞑想《めいそう》修行が行なわれます。それが禅定《ぜんじょう》と呼ばれるものです。禅定による精神統一に取り組むことによって目指すのが、覚りの智慧《ちえ》です。修行によって覚りの智慧を目指す。これが仏教という宗教世界の基本形であると、私は思っています。

原始仏教時代には在家信者にも、「五戒《ごかい》」が説かれました。次頁の表のように五つあります。

仏教用語は今も呉音《ごおん》という読みが用いられます。日本に仏教が伝わった六世紀の中国の読みで

在家信者が守るべき規範（五戒）

「不殺生戒」　生き物を殺さないこと。
「不偸盗戒」　人の持ち物を盗まないこと。
「不邪淫戒」　夫婦以外の性交をしないこと。
「不妄語戒」　嘘をつかないこと。
「不飲酒戒」　酒を飲まないこと。

旧約聖書における十戒

序　わたしは、あなたをエジプトの国、奴隷の家から
連れ出した、あなたの神、主である。
一　あなたには、わたしのほかに、
ほかの神々があってはならない。
二　あなたは、自分のために、
偶像を造ってはならない。
三　あなたは、あなたの神、主の御名を、
みだりに唱えてはならない。
四　安息日を覚えて、これを聖なる日とせよ。
五　あなたの父と母を敬え。
六　殺してはならない。
七　姦淫してはならない。
八　盗んではならない。
九　あなたの隣人に対し、
偽りの証言をしてはならない。
十　あなたの隣人のものを、欲しがってはならない。

す。漢和辞典には、漢音と呉音が併記してあります。第一に、生き物を殺してはならない。第二に、人の物を盗んではならない。第三に、自分の妻以外と交《まじ》わってはならない。第四に、嘘をついてはいけない。第五に、酒を飲んではいけない。アルコールが禁止されるのは、迷いから目覚めることを目指す仏教の特徴と言えます。しかし、仏教の最も基本的な戒律も、日本海を渡ると厳格に守られなくなるのは、日本仏教の特徴としてよく語られるところです。一昨年、高野山《こうやさん》に登ったとき、『般若湯《はんにゃとう》』という銘柄のお酒が売られているのを見て、いかにも日本的だと思いました。

旧約聖書に「十戒」が説《と》かれていることは、たいていの人がご存じでしょう。ここで、出エジプト記二十章に記された十戒（前頁）を紹介し、在家の五戒と対比してみたいと思います。今さらですが、その内容はよく似ています。

序のことばは、十戒がエジプトでの奴隷《どれい》生活から神によって救い出された民に与えられたことを示しています。十戒をどこで二つに分けるかについてはキリスト教界内でも議論があるところですが、私は神に対するもの（第一～第四戒）と人に対するもの（第六～第十戒）に二分し、「あなたの父と母を敬え」という第五戒が両方にかぶっていると考えています。家において両親を敬う生活の基礎が、将来に人との信頼関係を結ぶ人を作り、また神を敬愛する人を育てるのだと、家を基盤に宗教と社会を考えているのです。この点、宗教を完成するためには、家を捨てる（出家）ことを求める仏教とは対照的と言えるかもしれません。

聖書の十戒の後半（第六〜第十戒）は、仏教の五戒にほぼ符号します。仏教は生命全体に広げられますが、「殺すなかれ」が両者ともに第一とされます。第二・第三の戒めの順序は逆になります。仏教では、「盗むなかれ」「邪淫《じゃいん》するなかれ」と続きますが、聖書では、「姦淫《かんいん》するなかれ」「盗むなかれ」と続きます。四番目に、仏教は妄言《もうげん》を吐くことを戒め、聖書は偽証を戒めています。聖書時代のイスラエルでは、どんな罪も一人の証人だけでは立証されないと定められていました。偽証によってぬれ衣を着せられないようにしていたのです。日常的には、中傷・悪口の類《たぐい》を戒めているのです。最後の五番目に、仏教は飲酒を戒め、聖書は貪欲《どんよく》を戒めています。この十戒は貪《むさぼ》る心のみを問題にしていて、それ以前の行為への戒めの根底をなしています。

ゴータマが人の苦しみの原因を問うた時、人の貪欲を本質的な問題とした点を考えれば、両者の類似を言うことはできます。聖書は酒を厳禁しているわけではありませんが、放蕩をもたらす飲酒は戒めています。

顕著な違いを見せるのは、聖書の十戒の前半部の内容が、仏教の五戒にはないということです。

ひとことでいえば、唯一で人格的な神を敬い恐れる生活をせよという戒めです。第一に、他の神を持ってはならない。なぜなら、神は唯一であるから。第二に、偶像を造ってはならない。なぜなら、神は生きておられるから。第三に、神の名をみだりに唱えてはならない。なぜなら、人格神とは人格的に関わるべきであるから。第四に、神の前に休息する日を七日に一度聖別せよ。働きをやめて、神を礼拝する生活が人間にはなくてはならないから。これらの戒めは、仏教の五戒にはありません。

唯一の生ける神との関わりで人間を見る聖書と、人間の問題からスタートする仏教との、これが顕著な違いでしょう。紙幅を取ってしまいましたが、仏教の「五戒」と聖書の「十戒」の印象的なコントラストは大変興味深いものだと思います。どちらがどうということではなく、必ず向かい合わなければならない決定的な違いだからです。

◎「忍辱波羅蜜」は覚りへの覚悟を問う

「忍辱《にんにく》」は、修行者が人のからかいや侮辱にさらされることに対し、じっと耐え忍ぶことを意味します。誹謗中傷《ひぼうちゅうしょう》を我慢するなど、あまりにも日常的なことのように思われますが、人の心というのはプライドを傷つけられるところから、案外崩れやすいものです。それをゴータマは見抜いていたのです。個人的に侮辱されたくらいで滅入《めい》っていたら、困難な修行の完成など到底望めないことになります。恥も外聞も捨てる覚悟が、修行者には当然要求されるのです。そしてそれは、大変な覚悟でもあります。「すべてを捨てて出家する」ことすら難しいのに、さらに侮辱にも耐えなければなりません。

イエスに、有名なことばがあります。

「あなたの右の頬を打つような者には、左の頬も向けなさい。」

（マタイの福音書5章39節）

右の頬を打たれることは当時、特別な侮辱を意味していました。そんな侮辱にさらされても、仕返しをするどころか、もう一方の頬を相手に向けるくらいでないとダメだ、とイエスは言っているのです。これは個人的な侮辱など、かなぐり捨てろと言わんばかりの激しい気合を感じることばです。公の正義が問題になっている時には、誰をも恐れずに権力者を批判したイエスが、個人的な侮辱や潮弄《ちょうろう》に対しては無抵抗であれと教えたのです。まさに忍辱の徳の奨励を、イエスは行なっていると言えましょう。

私たちの日常生活は個人的なプライドを張り合って、そんなことから混線し渋滞することがはなはだ多いものです。しかし、厳しい修行や難しい学論を行なうことができる宗教者の世界でも、妬みからくる個人攻撃に意外な弱さを見せてしまうことがあります。宗教者のプライドの問題は、弁慶の泣き所かもしれません。しかし、本質的な魂の問題に取り組もうとする者は、忍辱の人でなければならないのです。

◎「精進波羅蜜」は宗教を問わない、成就の秘訣

「精進」は、精魂《せいこん》傾けて一生懸命に努《つと》めることです。「相撲道に精進したい」と横綱に昇進した関取が謙虚に言うように、どんな道の人でも、その道を究《きわ》めるためには精進することが求められます。修行に打ち込んで、完成を目指す仏教らしい徳目です。

新約聖書の二十七の書物のうち、十三の書簡を書いたパウロは、まさに精進の人であったと私は思っています。パウロが晩年に獄中からしたためた手紙に、次のような一節があります。般若心経と接している人、接しようとしている人にとっては説明など不要かもしれません。完成を目指して修行に打ち込む仏僧と、パウロの精神には大いに響き合うものがあるからです。

「私は、すでに得たのでもなく、すでに完全にされているのでもありません。ただ捕《とら》えようとして、追求しているのです。そして、それを得るようにとキリスト・イエスが私を捕えてくださったのです。兄弟たちよ。私は、自分はすでに捕えたなどと考えてはいません。ただ、この一事《いちじ》に励んでいます。すなわち、うしろのものを忘れ、ひたむきに前のものに向かって進み、キリスト・イエスにおいて上に召してくださる神の栄冠を得るために、目標を目ざして一心に走っているのです。」

（ピリピ人への手紙3章12〜14節）

◎「禅定波羅蜜」で散乱した心をまとめる

「禅定」とは、瞑想《めいそう》修行を指します。ブッダも瞑想の中から覚りを得ました。禅定という用語は、サンスクリット語ジャーナの音写である「禅」と、揺らぐ心を定めるという意味を取った「定」との複合語で、仏教学では梵漢兼挙《ぼんかんけんこ》と言います。ヨーガは、結ぶ・繋ぐという意味の動詞ユジュの派生語です。サンスクリットの母音Oは長母音なので、ヨーガと発音されます。散乱している心をとにかく何かに結びつける。それが日輪《にちりん》（太陽）であってもいいのです。そのことによって、心を安定させるのが目的です。そのためにインドでは、身体を緊張させたり弛緩《しかん》させたりする体操を行ないます。ヨーガそのものは価値中立的な心身体操ですが、これがもっぱら宗教の修行に用いられるのです。仏教においては修行の要《かなめ》と言っていいほどのものです。

◎「智慧波羅蜜」は最終的な到達点

智慧《ちえ》は、これら五つの修行が最終的に目指す徳目です。人間がさまざまなものに執着し、悪しき欲望を燃やして生きていることを、明らかに見なければなりません。明《あき》らめるということは、本来そういう意味です。諦《あきら》めるとは、どうしようもないとあきらめることでなく、本当のことを見極めることなのです。自分が愚かにも迷っていることを、心深く覚らなければなりません。そのように迷いから目覚めることで、人間としての完成を見るのです。ブッダとは、「目覚める」を意味するサンスクリット語の動詞ブドゥの過去分詞形ブッダであって、目覚め切った状態を意味します。それが目覚めた人を意味する名詞となり、開祖ゴータマその人を指す固有名詞となっていきました。

覚りの智慧と言われるものは、知的な理解や認識を超えるものです。覚りとは、その瞬間にものの見方や自分の生き方が根本的に変わってしまうような経験だと言うべきでしょう。戒律を守ることも、学論に取り組むことも、瞑想に専心することも、恥も外聞も打ち捨てて修行に打ち込むことも、そしてそれらを自分のためでなく人のために行うことも、すべてはこの魂の大転換に向かってきたのです。このダイナミックな人間存在の大転換が仏教の目指すところであり、般若波羅蜜多はまさにその到達点でもあり、その道筋でもあります。

その般若波羅蜜多のエッセンスが般若心経です。

キリスト教がいう信仰も、漢字を変えて区別はしておきますが、悟りなのです。魂の大転換であり、それまでの生き方や考え方を根本的に変えてしまう経験です。いったん分かってしまえば、もう後戻りはできない決定的な経験と言えます。キリスト教で「回心《かいしん》」というのは、「イエスはキリスト（救い主）である」と告白することです。十字架のイエスは、惨《みじ》めに死んだ人間ではなく、「私」（人間）を救うために身代わりになった神の子であったということが本当に分かった時、その人は自分という人間とは何者か、創造主なる神は人に何を与えようとされたのか、そのためにどんな犠牲を払われたのかを、一気に悟るのです。

仏教でいう「回心《えしん》」は、発心《ほっしん》とも呼ばれ、宗教心に目覚めて覚《さと》りを目指す心を言います。究極の覚りを得ることではなくて、これまで無自覚だった覚りという魂の目標に心を廻《めぐ》らせることです。回心は廻心とも書きます。回心を得るところから、修行は始まるわけであり、その目指すところが智慧の完成なる般若波羅蜜多なのです。

ゴータマ・ブッダのことば—1

清らかな心に、幸せはついてくる

「ものごとは心にもとづき、心を主とし、心によってつくり出される。もしも汚れた心で話したり行なったりするならば､苦しみはその人につき従う。——車をひく(牛)の足跡に車輪がついて行くように。

ものごとは心にもとづき、心を主とし、心によってつくり出される。もしも清らかな心で話したり行なったりするならば、福楽はその人につき従う。——影がそのからだから離れないように。」

ゴータマの肉声に一番近いことばを、私たちは手軽に読むことができます。

中村 元氏が平明な現代語訳を岩波文庫に収めた『ブッダの真理のことば』がその一つです。「般若心経」になじんでこられた方にとっては、これがお経なのかと思われるかもしれません。これはアフォリズム（金言）であり、旧約聖書にある箴言のような趣きがあります。

これはその冒頭の句ですが、心の宗教である仏教とは何かを語る代表的なことばです。おそらくゴータマは、このように人の心に語りかけたのでしょう。心こそが大切なのだ､と。また､説明のための比喩が卓抜です。影がそのからだから離れないように､清らかな心で生きる人に幸せは決して離れずに付いていくという教えです。こんな手際で、私も語りかけてみたいものです。

参照：中村 元訳「ブッダの真理のことば・感興のことば』岩波書店より＝以下同
同書には『ブッダの真理のことば』『感興のことば』の２冊の経典が収められている。

第四章

玄奘は「観自在菩薩」を、どうしても登場させたかった

般若心経に、観自在菩薩は似合わない。それなのになぜ?

第四章で解説する経文◎

般若波羅蜜多心経　唐三藏法師玄奘訳

観自在菩薩　行深般若波羅蜜多時　照見五蘊皆空　度一切苦厄

舎利子　色不異空　空不異色　色即是空　空即是色　受想行識　亦復如是

舎利子　是諸法空相　不生不滅　不垢不浄　不増不減　是故空中

無色無受想行識　無眼耳鼻舌身意　無色声香味触法　無眼界乃至無意識界

無無明亦無無明盡　乃至無老死　亦無老死盡　無苦集滅道　無智亦無得

以無所得故　菩提薩埵　依般若波羅蜜多故　心無罣礙　無罣礙故　無有恐怖

遠離一切転倒夢想　究竟涅槃

三世諸佛　依般若波羅蜜多故　得阿耨多羅三藐三菩提

故知般若波羅蜜多　是大神呪　是大明呪　是無上呪

是無等等呪　能除一切苦　真実不虚故　説般若波羅蜜多呪　即説呪曰

掲帝掲帝　般羅掲帝　般羅僧掲帝　菩提僧莎訶　般若波羅蜜多心経

「生きて死ぬ智慧」を授かる

ここでは第四章から第八章まで、本文を五つに分けて読んでいくことにしましょう。本文ではまず、玄奘訳般若心経の該当箇所を示し、その読み下し文を次に示します。

そして、対応する現代日本語の試訳を併《あわ》せて示すことにしたいと思います。以下に、五つに区分したテーマを挙げ、おおよその内容を記しておきます。

一　観自在菩薩（第四章）

三蔵法師玄奘《さんぞうほうしげんじょう》その人と、唐代に流行した観音菩薩信仰について。

二　五蘊皆空（第五章）

五蘊《ごうん》という特徴ある人間論と、それらが皆空《かいくう》であるとの主題について。

三　諸法空相（第六章）

空《くう》であるという立場から、あれも無い・これも無いとする否定について。

四　縁起善提（第七章）

縁起説と、この上なき覚《さと》りについて。

五　マントラ（第八章）

掲帝《ぎゃてい》掲帝で始まる密教のマントラ（呪文《じゅもん》）について。

◎——**唐三蔵法師玄奘訳《とうさんぞうほうしげんじょうやく》「般若波羅蜜多心経《はんにゃはらみたしんぎょう》」**

観自在菩薩《かんじざいぼさつ》　行深般若波羅蜜多時《ぎょうじんはんにゃはらみたじ》

照見五蘊皆空《しょうけんごうんかいくう》　度一切苦厄《どいっさいくやく》

● **玄奘訳読み下し**

観自在菩薩、深般若波羅蜜多を行じし時、五蘊皆空なりと照見し、一切苦厄を度したまえり。

●現代語試訳

観自在菩薩は、深遠な智慧の完成なる行を実践している時、五蘊は本質において空であると明らかに見て、すべての苦しみや災厄《さいやく》を取り除いた。

章を構成してみると、般若心経はコンパクトながら、仏教の全体と向かい合う内容を持っていることを改めて思います。だからこそ、多くの人が般若心経を唱《とな》え、あるいは論じてみたいと思ったのでしょう。私もまたキリスト教の牧師の視点から、般若心経を読み解いてみたいと考えたのです。同時に私は、一つの新しい視点から般若心経を読んでみたいとも思ってきました。先に述べたように、それはジャン・ナティエの「般若心経偽経説」に沿って読む視点です。

鳩摩羅什《くまらじゅう》（三五〇～四〇九ごろ　インドの貴族の血筋を持つ父と、西域のクチャ国の王族の母の間に生まれた。『法華経』『阿弥陀経』『大品般若経』など多くの漢訳経典を多く残し、中国における仏教研究の基礎を築いた。）訳「大品般若経」の一部分を、ほぼそのまま抜き出して核部分とした。これが第一工程。次にその前後に書き加え、般若心経をコンパクトな読誦《どくじゅ》経典として中国語で作った。これが第二工程。その後、この中国語経典からサンスクリット語経典が復元されるように作られた（還梵《かんぼん》）。これが第三工程です。サンスクリット語原典からの漢訳ではないので、「偽経」と言います。ナティエは「アポクリファ」というキリスト教用語を使って、玄奘がこの偽経を作った可能性が高いとします。もちろん偽経といっても、それをもって般若心経の価値が下がるわけでは、まったくありません。

ナティエの「般若心経偽経説」は、あくまでも仮説です。しかし、文献学的な議論は筋が通っていますし、このように理解することによって、これまで解決を見なかった般若心経の統一的な理解が可能になります。般若心経は〈空〉を論じる経典なのか、密教の呪文を中心とした経典なのか。般若心経理解はこの二つの見解に分かれ、統一見解が見出せないのが現実です。

しかし、〈空〉を論じる「大品般若経」の一部を核として、その前後が**唐代**（六一八～九〇七 李淵《りえん》が隋《ずい》を滅ぼして建国した。唐の勢威は一時、中央アジアのオアシス都市群にまで及んだ。）に書き加えられたとするなら、説明に筋が通るのです。核となる部分は、般若経の中心である空をテーマとしているのは明らかです。玄奘が読誦《どくじゅ》経典として、前後に少し書き加えたのかもしれません。その玄奘が生きた唐代の中国仏教は密教全盛であったし、般若心経にのっけから違和感を与える**観音菩薩**《かんのんぼさつ》（第一章でも触れたが、鳩摩羅什《くまらじゅう》の旧訳では観世音菩薩といい、玄奘の新訳では観自在菩薩という。一般的には観音菩薩と呼ばれる。）信仰も、唐代には大流行を見ていました。

ナティエの「般若心経偽経説」から、私は般若心経全体を理解する視点を与えられたというわけです。この仮説に沿って般若心経を読みつつ、キリスト教の牧師として思うところも述べさせていただきたいと思います。

◎三蔵法師玄奘は艱難辛苦の旅の途中、「般若心経」を唱え続けた

経題「般若波羅蜜多心経」の次には、「唐三蔵法師玄奘訳」の文字がきます。唐代に生きた玄奘（六〇二～六六四年）が、この経典をサンスクリット語から漢訳したというのです。玄奘が経・律・論の三蔵に通暁《つうぎょう》した学僧であったことは間違いないところです。玄奘以前の漢訳を「旧訳《くやく》」として、玄奘以後を「新訳《しんやく》」と呼ぶほど、玄奘の訳業は画期的なものでした。しかし、般若心経は玄奘の訳経リストには出てこないのです。

玄奘は大旅行家でもあり、天竺《てんじく》（インド）に経典を求めて単独旅行に出て、艱難辛苦の末に万巻の経典を携えて帰国しました。その旅行記である『大唐西域記』は、七世紀前半のシルクロードの人文地理を知る、第一級の一次資料とされています。虎を連れ、眼光爛々《がんこうらんらん》として独り旅する玄奘の姿が描かれた有名な絵があります。玄奘が雪山を越え、熱砂を踏んでいったのは、もちろん確かなことです。

しかし、実際に彼が単独で旅したのは新疆《しんきょう》ウイグル自治区（中国の西端）に位置する東昌（トルファン）まででした。東昌国王が大スポンサーとなったことが発端となって、それ以降、天山《てんざん》山脈を迂回してインドに入っていく往路、入手した経典を持ち帰ってくる復路は、シルクロード諸国家の保護を得て行なわれた「意外に楽《らく》な旅であった」と推測されています。

そんな報告をしているのは、『大唐西域記』の道を実際に辿《たど》ってみた現代日本人たちで、彼らは写真入りの念入りな報告書を出版しています（高橋徹・三蔵法師の道研究会・後藤正『三蔵法師のシルクロード』朝日新聞社、一九九九年）。もし、東昌国王との劇的な出会いがなければ、玄奘は雪山で凍死したか、砂漠で行き倒れになっていたかもしれません。そして、今日のように歴史に名を残すこともなく、凍土か流砂の下に眠っていたかもしれない。そう考えると、玄奘の強運ということを思わざるを得ないのです。いや、思う念力、岩をも通すと言うべきでしょうか。

ここで注目したいのは、弟子彦悰《げんそう》による玄奘の伝記『大慈恩寺《だいじおんじ》三蔵法師伝《さんぞうほっしでん》』です。そこには、玄奘がインドへ向かう旅の中で荒涼たる砂漠八百里を行く時、渇死寸前に陥ったと記されています。自分の影しか見えない砂漠を歩きながら、玄奘が拠《よ》り所としたのは観世音菩薩であり、ひたすら般若心経を念じたというのです。玄奘が熱烈な観音信者であり、般若心経を唱えつつ強行軍を敢行していたことが分かります。弟子による伝記となれば、これはイエス・キリストの**四福音書**（イエスの弟子のマタイ、マルコ、ルカ、ヨハネが書いた福音書（新約聖書）。）と同じ位置にある記録と言ってもいいでしょう。千数百年経った現在、側近とも言うべき弟子による伝記以上に信頼すべき歴史記録はあり得ません。内容の点からしても、この記述には大いに注目したいところです。

以下はその引用ですが、ここには玄奘が般若心経を不思議な病人から受け取った謂《いわ》れが書かれていて、胸をわくわくさせられるくだりです。

「ここから先は、すなわち莫賀延磧《ばくがえんせき》である。長さは八百余里で、古くは沙河《さが》といった。空には飛ぶ鳥もなく、地上には走る獣もなく、また水草もない。このとき、あたりをみまわしても、ただ一つ自分の影があるのみである。法師はただ観世音菩薩と『般若心経』を心に念じた。

むかし法師が蜀《しょく》（中国南西部に位置し、現在の四川省に当たる地名。）にいたとき、身体中の瘡《できもの》の穢《けが》れで、衣服の破れ汚れた一人の病人がいた。法師はあわれんで、寺にむかって衣服・飲食の値を施与させたことがあった。病人は慚愧《ざんき》して、法師にこの経を与えた。そこで法師は常にこれを誦《よ》み習っていた。いま沙河を通ることとなり、いろいろ奇怪な悪鬼が自分をめぐって前後するのに会った。そのとき観音を念じても、それらの悪鬼を去らせることはできなかったが、この経を読経して、声を発するとみな消えてしまった。危険なときに救われたのは、実にこの経のおかげであった。」（慧立・彦悰〈長沢和俊訳〉『玄奘三蔵―西域―インド紀行』講談社、一九九九年、三六頁）

この経とは、般若心経のことです。

円照《えんしょう》（鎌倉時代中期、律宗の僧）の『貞元新定釋経目録《ていげんしんていしゃくきょうもくろく》』によれば、玄奘はこの経典を病人からではなく、「聖人」から授かったとされています。さらに、ポピュラーになった小説『西遊記』では、般若心経を三蔵法師に与えたのは、剣山の「烏巣禅師《ちょうそうぜんじ》」（唐代の僧。いつも高い木に登って座禅を組んでいたことから、この名が付いたという。いのちを賭したような瞑想修行に努めた名僧。）ということになっています。

茫漠《ぼうばく》たる砂漠に単独行を挑んでいた時、玄奘はただ観音菩薩を念じ、般若心経を唱えつつ歩んだのです。これは弟子が師から直接聞いたものだと考えられます。ここで、突然出てくる般若心経の謂《いわ》れが、注目に値するのです。体中のできものの汁が染みた襤褸《らんる》（着古して破れた衣服。つぎはぎをしてむさくるしい衣服。）をまとう病人を憐れんで施しをしたところ、その病人が般若心経を玄奘に与えたというのです。

そして玄奘は、この経を常に読み上げていた。旅の途次、奇怪な悪鬼に出会って、観音を念じても去らなかったのに、般若心経を読む声を発すると、みな消えたという話も心が躍《おど》ります。

◎般若心経はインドではなく、中国で書かれた経典

この伝奇的な記事から分かるのは、第一に玄奘がインド旅行の前に手にした般若心経は、中国語で書かれたものであることです。第二に玄奘はこの経を常に読み上げ、護身力を持つ経典として信奉していたということです。単独でインドを目指した玄奘にとって、この般若心経は守護神的な存在だったのでしょう。

玄奘は膨大な量の原典をインドから中国に持ち帰り、学問的で明確な翻訳の大業を成しとげま

す。前述しましたように、玄奘以前は「旧訳」、玄奘以後は「新訳」と呼ばれるほど、仏典訳経史において画期的な業績を残しました。しかし、これも前述したように玄奘の訳経リストに、般若心経は入っていないのです。玄奘にとって般若心経は翻訳の対象ではなく、常に読み上げ、危険な時に助けを求める信仰の対象だったということでしょう。

それは今日の日本で、数多い仏教経典の中で般若心経が別格の存在になっているのと似ています。日本人にとって般若心経は声に出して詠《よ》み上げ、筆をもって写経し、茶碗やネクタイの意匠として身近においておきたい特別な存在です。雑誌『プレジデント』などで特集されるように、経営者にとって般若心経はここ一番の判断力を与えられる人生訓の源泉でもあります。いのちについて、深い洞察をする著書が多い柳澤桂子氏の『生きて死ぬ智慧』（小学館、二〇〇四年）の題を借りるなら、多くの現代日本人にとって般若心経は今なお、「生きて死ぬ智慧」を与えられる特別な存在であり続けています。

だからこそ、般若心経を学問としての仏教学の対象にすることは、どこか憚《はばか》られるものがあるのでしょう。私としても似たような感情はあります。それに対し、キリスト教がメジャーの宗教であるアメリカから、そこは世界の仏教学では新興国でもあるのですが、般若心経に新鮮な観察が行なわれました。般若心経はもともと中国語で著された経典であるとのジャン・ナティエの新説は、日本人の仏教学者にとって、ある意味で禁忌《きんき》に触れるものとして受け止められたのではないかと思います。日本人のキリスト教牧師である私にとっては、そのあたりがとても興味深いのです。ジャン・ナティエ自身は魂の部分への感受性を持つ人で、新説を提起した論文の結論において、次のように述べています。

『般若心経』が学術的見地から「偽経」だとしても、《すなわち、中国で独立した一つの経典として作られたのであり、〔その内容は〕中国で作られた序論部分と結尾部分が付加した『梵文二万五千頌般若経《ぼんぶんにまんごせんじゅはんにゃきょう》』（サンスクリット語で三十二音節からなる文を一単位としてシュローカと呼び、これが頌と漢訳される。その単位が二万五千ある般若経のことであり、ほかに「八千頌般若経」や「十万頌般若経」もある。）の鳩摩羅什《くまらじゅう》訳からの引用から成っているという立場を認めるとしても》、このことは『般若心経』が仏教徒に対して保ってきた価値を損《そこ》なうものでは決してない。《仏陀が彼の弟子たちに言ったとされているように》「解脱《げだつ》のためになり、繋縛《けばく》にならないものは何でも私の教えである」。数百万の東アジアの仏教徒、さらに同様に数えきれないほどのインドとチベットの仏教徒にとって、『般若心経』はまさにそういう役割を果たしてきているのである。（ジャン・ナティエ〈工藤順之・吹田隆道訳〉「『般若心経』は偽経か？」『三康文化研究所年報』第三七号、二〇〇六年）

般若心経へ学術的な目を向けたナティエ女史は、自分の提起した仮説が真実であったとしても、般若心経が東アジアの仏教徒にとって持つ信仰的な意味は何ら失われることはない、と断っているのです。私も同感です。

◎玄奘は観音菩薩の熱烈な信奉者だった

般若心経冒頭には「観自在菩薩」が登場します。一般的に「観音菩薩」と呼ばれる菩薩です。「観世音菩薩」とも呼ばれますが、これはサンスクリット語「アヴァローキテシュヴァラ（Avalokiteśvara）」をどう理解するかで、違いが出てくるのです。「観自在菩薩」とするのは、明らかに見極めることが自在にできると解釈するのであり、玄奘はこれを取っています。世（ローカ）という語を読み込む場合に、「観世音」とも訳されます。音（スバラ）という語が入っているテキストもあって、その場合が「観音」となります。インドの原語をどう読むかで、呼び名が変わってくるというわけです。

ここでは、玄奘の取った「観自在菩薩」を使っていきますが、広く観音信仰に触れる場合には一般的な呼称として「観音菩薩」を用いることにします。呼び名は違っても対象は同じであることを、最初にお断りしておきます。

玄奘がひとり天竺《てんじく》を目指した時、「観自在菩薩」の名を唱え、般若心経を読経して進んだ、と弟子の彦悰《げんそう》は『大慈恩寺三蔵法師伝』に記しています。「観自在菩薩」への信仰と般若心経への帰依《きえ》は、玄奘の内面においてとても強かったことが窺われます。「観自在菩薩」と般若心経を、何よりも頼みとして彼は難関に挑んだのですから。

しかし、般若経典全体を見渡してみると、そこに「観自在菩薩」が登場するのはきわめて異例のことになります。普通はブッダ自身が弟子の**須菩提**《しゅぼだい》（ブッダの高弟。かつては手に負えない乱暴者だったが、ブッダとめぐり会うことによって変身し、周囲から尊敬される人格者となる。）を相手に説法するのが、般若経のパターンです。もちろん、大乗経典が書かれる時点でブッダは生きてはいなかったのですが、ブッダが弟子に向かって語ったという形式で書くのが、仏典の作法というものでした。般若経類では、ブッダが弟子の須菩提に語りかけるという形式を踏んでいくのです。

ところが般若心経では、ブッダと須菩提の対話は見られません。そして、一般には般若経では登場しない「観自在菩薩」が、説法者の位置を占めているようです。「観自在菩薩」が語ったと書かれているわけではありませんが、「観自在菩薩」が説法者として想定されていることは間違いないと思います。

ジャン・ナティエの仮説に従えば、この冒頭部分は中国語で書き加えられたものです。玄奘の生きた七世紀の中国は唐の時代であり、観音信仰は全盛期を迎えていました。般若経としては違和感のある「観自在菩薩」の登場も、これが中国で作られた偽経と考えれば、別に不思議なことではありません。ここでは、「観音菩薩」そのものについて述べていきますが、般若心経との関わりで言えば、そのような点に心を配る必要があるでしょう。

さて、「観音菩薩」がもともと登場するのは法華経《ほけきょう》の中です。般若経と同じ大乗経典としての妙法蓮華経《みょうほうれんげきょう》（鳩摩羅什訳）ですが、全部で二十八品（品は今日でいう章に当たる）あります。その第二十五品に「観世音菩薩普門品」があり、これが一般に「観音経」と呼ばれる経典です。ここでは、「観世音」という漢訳語が用いられ、「観世音菩薩」のさまざまなご利益《りやく》が書かれているのです。「観世音菩薩」の名を唱えるならば、大火や大水から守られる。まさに殺されようとする時にも、「観世音」の名を唱えるならば、迫りくる武器はボロボロに壊れてしまう。悪鬼や獣や盗賊の難からも逃れられる。だから、恐れることなく一心に「観世音菩薩」の名を唱えるべきであると述べています。また、「観世音菩薩」はさまざまな姿に変化して、その名を呼ぶ者を助けてくれる、と。

同じく大乗経典の「観無量寿経《かんむりょうじゅきょう》」にも、「観音菩薩」は登場します。これは「阿弥陀経《あみだきょう》」「無量寿経」「観無量寿経」と数えられる浄土三部経の一角をなす経典です。「観無量寿経」には臨終に臨む人が阿弥陀如来《あみだにょらい》の名を唱えると、阿弥陀如来が観音菩薩と**勢至《せいし》菩薩**（智慧の光をもって、人々を導く菩薩。慈悲をもって人々を助ける観音菩薩と対で登場することが多い。）とを伴って来迎する様が描かれています。日本の中世には「来迎図」として絵にも描かれて、そのイメージは広まっていきました。

「観音菩薩」は、この世の苦難の時に助けてくれて、あの世にまさに向かわんとする時にも迎えにきてくれるというのです。此岸《しがん》と彼岸《ひがん》の両方において、ご利益があると説かれています。唐の時代には観音信仰は最盛期を迎えており、玄奘もまた熱烈な観音信奉者でありました。だからこそ玄奘は、「観音菩薩」の名を唱えつつ危険な大旅行を続けたのでしょう。

ここで角度を変えて、「観音菩薩」の持つイメージについて考えてみましょう。宗教学という広い視野から見てみると、「観音菩薩」にはさまざまな神々のイメージが刷り込まれています。「観音菩薩」には古代的な母なる女神のイメージが刷り込まれており、それゆえに、観音像は女性の造形美を持つものが多いようです。古代インドのヒンドゥー教を代表する**シヴァ神**（暴風神ルドラを前身とする。暴風雨が破壊的な災害をもたらすとともに土地を肥沃にして恩恵をもたらすように、災いと恩恵の二つの性格を持つ神。）や、古代イランの豊穣と多産の女神アナーヒターも、「観音菩薩」が持つイメージのルーツだと考えられています。母なるものへの止《や》むことなき人間の憧憬《しょうけい》が、観音信仰の底辺にはあるようです。そういえば、日本のキリシタンの歴史にはマリア観音も登場しますが、聖書の枠を越えたマリアへの聖母信仰と観音信仰には、一脈通じるものがあるようです。

◎無限の慈悲の心に寄り添うのは、当然のこと

キリシタンということで言えば、大作『日本史』を著したポルトガル宣教師**ルイス・フロイス**

（一五三二〜一五九七年。イエズス会宣教師としてインドを経て、日本での布教を開始。時は戦国時代。織田信長や豊臣秀吉と謁見《えっけん》するなど、戦国大名とも交流した。秀吉とも会見をしている。フロイスは生涯を日本における宣教活動にささげ、故国に帰ることなく、日本で病死した。当時の日本の状況を記した『日本史』や『イエズス会日本通信』など、日本宣教の貴重な記録を書き残した。）が、「観音菩薩」について興味深いことを書いています。フロイスは一五六五（永禄八）年に京都の三十三間堂《さんじゅうさんげんどう》を訪れ、千一体の千手《せんじゅ》観音（観音菩薩が変化《へんげ》した菩薩。三十三間堂だけでなく、奈良唐招大寺や大阪葛井寺などにも立像や座像が安置されている。千本の手を持つとされる。三十三間堂の本尊像では四十二本だが、これで千の数を表す。）について母国に詳細な報告を送っているのです。宣教師たちはみな、報告魔とも言われるほどに日本宣教の詳しい報告を書き送っています。その記録が今では、十六世紀の日本を知る貴重な一次資料となっています。

私は以前、高野山に登って高野山大学教授の山陰《やまかげ》加春夫《かずお》氏の講演を聴いたことがあります。山陰氏の専門はキリシタン研究ですが、宣教師の報告書について、「当時書かれた読み物として、こんなにおもしろいものはない」と絶賛されていました。宣教師たちが書いたような詳細な記録を、当時の日本人は書かなかったということなのかもしれません。フロイスは三十三間堂の千手観音について、次のようにディティールにこだわった報告をしています。

「日本人によれば、それらの仏像に多数の腕と手があるのは、観音が慈悲として人間に施す数多の恩恵を示しているという。さらにどの仏像にも、胸から上だけの小さい仏の像が七つ付いた冠を頭上に戴き、その後ろの頭飾りからは幾多の光が放たれている。」（フロイス〈松田毅一・川崎桃太訳〉『完訳フロイス日本史1』中央公論新社、二〇〇〇年、二二八〜二二九頁）

千手観音の造形は無限の慈悲を表す象徴表現で、仏教が密教化したあとに見られるものです。頭上に十の観音像を戴く十一面観音ですが、フロイスはなぜか七つと数えています。七が、聖書でいう完全性や全体性を示す数字だからでしょうか。この報告の後日譚《だん》を、現代フランスの日本学者ベルナール・フランクが追っています。

フロイスの書簡集は一五七四年にラテン語訳され、ケルン（ドイツ）で出版されました。その際に、「胸から上だけの小さい仏の像が七つ付いた冠を頭上に戴き」の部分が「胸に関していうと人間の小さな顔が七つ付いて」と誤訳されてしまいます。その結果、胸に七つの顔を付けた奇妙な観音菩薩の図像が、ヨーロッパに出回ることになってしまったというわけです。

新約聖書にエペソ（今日のトルコ共和国西部）の信徒たちに宛《あ》てられた、パウロの書簡があります。当時のエペソにはアルテミス大神殿が栄えており、豊穣の女神アルテミス像が祀《まつ》られていました。この女神の上半身全体には、多数の乳房がついています。おそらくその影響で、胸に七つの顔を持つ観音菩薩像が描かれたのではないでしょうか。ベルナール・フランクの東西あいわたる考察は、実に刺激的です。（ベルナール・フランク〈仏蘭久淳子訳『日本仏教曼陀羅』藤原書店、二〇〇二年、二九二〜三〇二頁参照）

「観音菩薩」をめぐって少し書いてみて、苦しみ悩む人間の現実に寄り添い、あわれみの心を向

「観音信仰」は日本人の根底にある

観世音菩薩像【国宝】
白鳳時代（薬師寺）

千手観音
潭柘寺千手観世音の文殊殿内／
中国　北京

般若心経が語る「覚りの智慧」の対極にある仏教の教えは、苦しみを抱えて生きる者を救いたいという「慈悲の心」です。観音菩薩は大乗経典の「妙法蓮華経」や「観無量寿経」において、救済《くさい》と慈悲の心が神話的に表現されています。それゆえに、観音菩薩への信仰はアジア全域の民衆の間に広まりました。

観音菩薩がさまざまな姿かたちに変化するのを化身《けしん》と呼び、三十三身に化身するとの教えから、日本では観音霊場三十三所の巡礼がさかんとなって、現代に至っています。

チベットではダライ・ラマは観音菩薩の化身とされ、観音菩薩が住むポータラカに由来するポタラ宮をダライ・ラマは住まいとしてきました。中国では現世利益《りやく》を重んじる道教信仰と習合して、今日も観音への篤い信仰が見られます。

ける慈悲の教えが、いかに広く人々の心をとらえてきたかを思わされます。般若経が語るのは、究極の覚《さと》りの智慧であり、それを目指しての厳しい修行の世界です。しかし、もともとゴータマの宗教の出発点は、隣にいる人の生老病死の苦しみへの共感でした。大乗仏教でも慈悲と救済の教えを説く「観音経」が法華経の中にあり、広く信仰を集めてきたのです。般若心経は覚りの智慧を説くわけですが、その冒頭に「観自在菩薩」が登場するからこそ、般若心経は根強い人気を獲得してきたのでしょう。

人は真理を求める存在ですが、誰もが求めるのは悩める者への助けであり、弱き者への優しさです。温かい心、優しい人のいるところに人が集まるように、「観自在菩薩」という冒頭の一語に心引かれて、多くの人は般若心経に向かったのです。

同様に、「一切苦厄を度したまえり。」は、観自在菩薩が一切の苦厄から救い出してくれるという意味です。慈悲の心を持つ観自在菩薩の懐に包まれる安堵を、人々は求めているのでしょう。

◎苦厄を脱すれば、覚りを得られる

観自在菩薩《かんじざいぼさつ》、深般若波羅蜜多《じんはんにゃはらみた》を行《ぎょう》じし時《とき》、
五蘊皆空《ごうんかいくう》なりと照見《しょうけん》し、一切苦厄《いっさいくやく》を度《ど》したまえり。

もう一度、般若心経の冒頭の言葉（読み下し）を繰り返します。

観自在菩薩は、深遠なる般若波羅蜜多（英知の完成）という行を修めている時、一切は空であると見極め、一切の苦しみから解脱した……冒頭にある、まるで宣言のようなこの一文から思うことは、修行解脱という仏教の基本的な姿勢です。

私はこれについて、立川武蔵氏の『般若心経の新しい読み方』（春秋社、二〇〇一年）から多くのことを教えられました。立川氏は、「否定的表現に満ちている般若心経において、唯一肯定的に語られているのが般若波羅蜜多の行です」とコメントしています。私が佛教大学で原始仏教を学び始めて最初に抱いた印象が、仏教は修行解脱を宗《むね》とする宗教だということでした。その仏教に対するファースト・インプレッションを思い出したのです。

ほぼ二十年前になりますが、当時の佛教大学では原始仏教研究の大御所のような雲井昭善《くもいしょうぜん》教授が教鞭《きょうべん》を執っていました。大谷大学退官後に佛教大学に来られた碩学で、スケールの大きな原始仏教の世界を講じました。また、当時は助教授の並川孝儀《なみかわたかよし》先生からは、原始仏教に関する最新の研究内容を見せてもらいました。雲井先生はパーリ語と漢文を基本に話されましたが、並川先生はチベット語にしかないテキストや、スリランカのシンハリ語からの研究なども紹介してくれました。大家が概説を行ない、新進の研究者が自身の研究テーマを教える。そんな教育体制がとられていました。

原始仏教における修行の基本項目である「三学」については、第二章で述べました。「戒《かい》」「定《じょう》」「慧《え》」の三つの行には、仏教の骨格を見せられるような思いがします。「戒」は規則正しい生活をすること。「定」は瞑想《めいそう》修行であり、揺れ動く心を厳しく鍛える。「慧」は覚りの智慧であり、この知恵を体得することが修行者の目指す目標でもあります。言い方を変えれば、それが「解脱《げだつ》」するということです。さまざまな囚われや束縛から解放された精神的自由を獲得することが解脱であり、それが仏教でいう覚りの知慧に至るということです。

玄奘訳の「苦厄《くやく》を度す」の部分は、サンスクリット語のテキストにはありませんが、解脱するということを語っています。苦しみの考察からゴータマは歩み出しました。そして、苦しみの原因を人間の悪しき欲望や執着に求めていきます。人はさまざまな欲によって囚われると、溌剌《はつらつ》とした自由を失ってしまいます。その結果、息苦しい毎日を送るようになります。厄《わざわい》は、みずからが生み出しているると教えています。

私たちの生活を、省みてみましょう。人の幸せを妬《ねた》んだり、目先の利益に目がくらんで、心を汚していませんか。いつか報《むく》いがくるなどと恐れながら、毎日を暮らしていませんか。心配事に明け暮れていませんか。それらはすべて、自分で生み出していることなのです。根本にあるのは、私欲です。

その迷妄《めいもう》を破る英知が覚りです。したがって覚るとは、「苦厄」を打破することであり、解脱するということです。

「度す」とは、渡（度）るということで、越え難《がた》き激流を渡って覚りに到達することの比喩《ひゆ》表現です。「苦厄を度す」とは、苦しみや厄で身動き取れなくなっている状態から解き放たれて、解脱するということです。英知に満ちて、自由で心安らかな境地に至るということです。ここにも、修行によって困難を乗り越える厳しい姿勢が見られます。般若心経の心は、冒頭の一節に込められているといってもいいでしょう。

般若波羅蜜多（智慧の完成）という行《ぎょう》に取り組んでいる時、観自在菩薩は、一切は空であると明らかに見たのです。真実を見究めて解脱したのです。明らかに見るとは、明らめるということです。物事を明らかに、つまびらかにすることであり、それが覚るという意味になります。諦《あきら》めるという場合の「諦」も、サンスクリット語では真理を意味します。

この現象世界は移ろいやすいものです。そう見抜いて揺るがないという態度は、修行者のものだと思います。

しかし日本では、諦めるとは「もう仕方がない」と断念するという意味合いになります。諦観といえば、悪い状態を静かに受け入れることです。「なるようにしかならないから……」という自嘲気味な態度につながります。こういう投げやりな人生態度を、修行に生きることをモットーとする仏教は嫌います。仏教にも般若心経にも、「仕方がない」などという諦観はありません。

◎自分のだらしなさと戦うことが、解脱の第一歩

どんな修行であっても、一つの修行に打ち込んでいる人の姿を、私は清清《すがすが》しいと思っています。宗教だけでなく、仕事であってもスポーツや芸術であっても、どこかで自分と戦っている人、つまり自分をあきらめていない人は魅力的なものです。どんな小さなことでも、怠惰《たいだ》な自分を許さないでいる人の緊張感は、般若心経の緊張感とつながります。何も、「自分は宗教をやっています」などと、大上段に構えなくてもいいのです。誰かから言われたり規制されるのでなく、自分自身が自分のだらしなさと戦っている人が美しいのです。

仏教が修行解脱に生きようとすることに、私は大きな魅力を感じています。意外に思われるかもしれませんが、イエス・キリストの内にもこのような厳しさが貫かれているからです。

「それから、イエスは弟子たちに言われた。
『だれでもわたしについて来たいと思うなら、自分を捨て、自分の十字架を負い、そしてわたしについて来なさい。』」

（マタイの福音書16章24節）

十字架は古代ローマの死刑方法で、イエスは十字架刑によって死にました。「自分の十字架を負う」とは、自分のプライドとか野心などは捨ててしまった人間として、そういう意味では死んだ人間として生きるということです。イエス・キリストの弟子として生きるとは、自分を捨てて、自分を殺して生きるということなのです。

こんなに厳しい要求を、イエスは弟子になろうとする人たちに最初から要求します。「自分を捨てて、わたしに従った者は、本当に自分のいのちというものをつかむことになる」と招きます。こんなに厳しく、またこんなに魅力的なことばはないと、私は思っています。

この貫かれた厳しさに、魂の奥底でひかれるのです。キリスト教は救いを与える宗教だと思われ

ているでしょうし、その通りでもあるのですが、その救いを与えるイエス・キリストに、この妥協のない厳しさが見られるのです。

修行解脱の魅力ということから、イエス・キリストの弟子への招きのことばに言及することになりました。越えがたきを越えようとする気迫に、私は宗教というものの真骨頂を見たいと思いますが、どうでしょうか。限りない慈悲や無条件のゆるしの世界は、もちろんすばらしいものです。しかし、それらがこの激しい自己否定によって裏打ちされていてこそ、と思うのです。般若心経は否定に否定を畳みかけてきます。こうして最初から修行解脱の面を打ち込んできます。したたかに打たれながらも、これこそ仏教だと確かな手応えを感じます。

◎人の生死を支えるのが観音信仰

数年前、カンボジアの誇る世界遺産**アンコール・ワット**（前頁写真　十二世紀、アンコール王朝のスーリヤヴァルマン二世によって、ヒンドゥー教寺院として築かれる。中央には、ヒンドゥー教の世界観を表す須弥山を模した塔堂が建つ。）を訪ねたことがあります。日本から首都プノンペンに遣わされた菅家宣教師夫妻を訪ね、その旅の中で案内していただきました。荷台に鈴なりの人を乗せたトラックや、客ひとりを荷台に乗せた軽オートバイのタクシーの群れが、砂煙をあげながら道路いっぱいにゆっくりと走って行きます。その首都の光景を、私は夢を見るように眺めていました。菅家宣教師は大学生に伝道していましたが、学生たちはみな学校の教師にならなければならないということでした。一九七〇年代後半、ポル・ポトが指導する「**クメール・ルージュ**」（一九七五年から七九年にかけて、カンボジアを支配した共産主義政府。きわめて原理主義的な思想集団であり、特に都市部の住民を虐殺したり、強制収容所に監禁したりした。）と呼ばれた政権時代に、学校の教師はほとんど殺されてしまったため、教師の数が圧倒的に不足しているからです。しかし、唯一の大学を卒業した教師にさえ自活できる給与が出ないため、学生たちは将来に希望を持つことができないのだと聞きました。そんな極端な貧しさの中に、カンボジアという国は今も置かれています。

柿色の衣を身にまとった仏僧を探しましたが、首都で見かけた姿はわずかでした。毎朝、僧侶が托鉢《たくはつ》に道を歩く姿を見ることもありませんでした。ポル・ポトは、宗教者も殺したのです。眼鏡をかけているというだけで、西欧の影響を受けていると見られて殺されたと言いますから、もう滅茶苦茶です。メガネをかけた牧師で教員の私などは三回殺されていると思いましたが、とても冗談にできることばではありませんでした。

カンボジアは、隣のタイやミャンマーと同じ**上座部仏教**の国です。インドからスリランカを経て南回りで東南アジアに入った仏教は、大乗仏教を経験していません。

アンコール遺跡群に行くには、近くのシェムリアップ空港までプロペラ機で一時間ほどかかります。現在はそのシェムリアップ空港まで、日本から直行便が飛んでいます。観光客が増えたためです。

密林の中に突然現れたアンコール・ワットの壮麗な美しさには、思わず息を呑みました。ヒンドゥー教の世界観を表したこの石造大寺院は、柱の一本一本に至るまで精緻《せいち》な彫刻が施されていて、昔日《せきじつ》のクメール王朝の栄華を思いました。中央の急峻な階段をよじ登って須弥山《しゅみせん》（古代インドの宇宙観で、最も高い山を指す。麓が人間世界）を模した塔堂に至りましたが、ここで足を踏み外したら絶対に死ぬだろうと思いました。人を寄せつけない、そのむきだしの激しさに、私は深く感動しました。

次に訪ねたアンコール・トムの中心に位置するバイヨン寺院は、ごつごつした岩山が屹立するようなところです。やがて、それら岩山の四面に大きな顔が刻まれているのが分かりました。アンズの実のような目を半眼にし、分厚い唇の両端を少し上げた顔は「クメールの微笑《ほほえ》み」と呼ばれています。これらはみな、当時の支配者で施主であるジャヤバルマン七世が信奉した観音菩薩の顔でした。

私はキヤノン製カメラを肩から提げていましたが、キヤノンのカメラ第一号試作機名はKWANONと命名され、千手観音のマークが添えられていたと言います。KWANONからCANONという社名が生まれるのですが、CANONは英語では聖典や戒律を意味します。今日ではこのような宗教色は前面には出せないでしょうが、創業者の宗教心はなまなかなものではありません。クメール王朝最盛期の王の心にも、現代日本の世界的精密企業の創業者の心にも、観音菩薩への熱烈な信仰心が生きていたことに、私は驚きを覚えたものです。

◎「上座部仏教」の糞掃衣《ふんぞうえ》

スリランカ、タイ、ミャンマー、ラオス、カンボジアには上座部仏教が今日も行なわれている。ゴータマが死んで百年後、仏教教団は大きく二つに分裂した。戒律を厳格に守ろうとする上座部と、緩やかに戒律解釈をしようとした大衆部《だいしゅぶ》である。保守派と進歩派に分かれたのだが、この保守派の仏教が東南アジアに伝播し、進歩派は後の大乗仏教を準備したとも言われる。東南アジアでは、厳格でオーソドックスな仏教が定着したのである。気候的にも野宿しての修行が可能な地域であり、インドの原始仏教の原型に近いものを今日に伝えている。早朝、柿色の衣を着た僧侶たちは鉄鉢《てっぱつ》を抱えて托鉢《たくはつ》に歩き、食事を用意して彼らを迎える在家信者は、自分の尊敬する僧侶に食事を供養《くよう》する。それによって、自分自身に功徳《くどく》を積むのである。

出家修行者は乞食《こつじき》により生活を支えられ、修行に専念するのだ。仏教用語でいう乞食は修行項目であり、好きなものを食べる楽しみを捨て、精神的な屈辱にも耐えなければならない。その生活を象徴するのが、「糞掃衣《ふんぞうえ》」と呼ばれる柿色の衣である。ごみためや墓場に捨てられた、ぼろきれを集めて作られる衣という意味である。この貧に徹した名称に私は感動して、一度聞いて忘れられないことばとなった。

◎わが腸《はらわた》、彼のために痛む

第四章では、玄奘と観自在菩薩をめぐって書いてきました。玄奘自身、「クメールの微笑み」を刻《きざ》ませたジャヤバルマン七世に劣らぬほどの熱心な観音信者でした。玄奘が般若心経冒頭に観自在菩薩の令名を書き入れたとすると、それは理解しやすいことです。しかし、般若心経の冒頭の言葉は、観自在菩薩が英知の完成なる修行を行なっている時に、一切は空であると見究め、あらゆる苦しみから解脱した、という趣旨です。般若波羅蜜多なる大乗の修行によって空の境地に到達し、根源的な苦悩を脱却したとなると、これは般若経の中心テーマです。このテーマを般若経で説くのは、常にブッダ自身でなければなりません。そして、弟子の須菩提との対話という形で、空は論じられていくのが常法です。

どうしても違和感を禁じえないのは、その大乗仏教の先頭を切った般若経の一大テーマを観自在菩薩が語っているということなのです。前述しましたように、観音菩薩は法華経の中の第二十五品観世音菩薩普門品に説かれる菩薩です。そこには、観音菩薩を信奉することのご利益《りやく》が、いかに絶大であるかが強調されて説かれています。さらに、観無量寿経では、臨終時に阿弥陀仏と共に来迎する観音菩薩が説かれていることから、あの世のご利益も約束される菩薩として、庶民の信仰を集めることになりました。観音菩薩には古代的な母なる女神のイメージが刷り込まれているとも言われます。その観音菩薩が修行し、〈空〉なる覚りを開き、解脱したという宣言文は、やはりすわりが悪いと言わなければなりません。

熱烈なる観音信奉者であった玄奘が、無理を承知で冒頭に持ってきたのではないかと想像したくなります。一つの経典として般若心経を見た時、整合性を欠いていると言わざるを得ません。般若なる覚りの知恵を説き、〈空〉を論じる経典として首尾一貫していないからです。しかし私が、観音信仰を云々《うんぬん》しているのではないことは、ご理解いただけると思います。〈空〉の本質だけを抉《えぐ》り出すように論じる般若心経の説法者として、唐突に観自在菩薩が登場することが異様なだけです。

内的な整合性を無視しても、玄奘としては観自在菩薩の令名を冠した経典にしたかったのだと想像できます。それほどに、玄奘の観音信仰は強烈なものだったと考えるのが自然です。そう理解するなら、ここに観自在菩薩が登場することも納得できます。

問題の焦点は観自在菩薩ではなく、観音信仰なのです。観音信仰は玄奘の生きた唐の時代に大流行していました。玄奘自身がインドへのいのちを賭した大旅行に際し、心の拠り所としたのは観音菩薩であったことが、何よりの証《あかし》でしょう。観音を念じても駄目な場合は、密教の呪文《じゅもん》としての般若心経に頼ったとあります。それが仏教信者としての玄奘のリアルな姿なのかもしれません。

それならば私は、観自在菩薩ではなく、玄奘の観音信仰から般若心経を見直してみたいと思います。この世の苦難の時にも、あの世に向かう臨終の時にも、つまりは前にも後にも立って守ってくれるのが観音菩薩です。母なる女神の無限抱擁《ほうよう》的な優しさが観音菩薩に重ねられることは、よく理解できるところです。人はそんな母のような優しさに憧れるものです。ただ、修行によって空に到達することを観音菩薩が語るのは、どうしても違和感を覚えてしまいます。玄奘の観音信仰のゆえと理解する以外に、その違和感が消えることはないようです。

玄奘の観音菩薩への憧憬《しょうけい》ということにたどり着いて、私の般若心経理解も落ち着くところを一つ得たように思いました。人は絶対的な慈しみを自分に向けてくれる存在に、魂の底で憧れているのではないでしょうか。ここで、「我が腸《はらわた》かれの為に痛む」という聖書のことばに触れておきたいと思います。

ヱホバいひたまふ
エフライムは我愛《わがあい》するところの子《こ》
悦《よろこ》ぶところの子ならずや
我彼《われかれ》にむかひてかたるごとに
彼を念《おも》はざるを得《え》ず
是《こゝ》をもて我腸《わがはらわた》かれの爲《ため》に痛《いた》む
我必ず彼を恤《あはれ》むべし
（文語訳聖書・ヱレミヤ記31章20節）

神ヱホバと神の民の関係は、父と子にたとえられます。父はわが子を慈しみ、生きるべき祝福の道を指し示します。しかし、わが子は父の心を裏切ります。その度に、父はわが子を叱責するとともに、やり直す道を用意してきました。

「腸《はらわた》」とは内蔵のことで、内心とか心を意味します。「痛む」とはうめく、わななくという意味の動詞です。日本語にも、「腸がちぎれるほどの悲しみ」とか、「腸が煮え返るよう怒り」といった類似した表現があります。心の深いところにある、激しいばかりの感情です。

一九四六年に出された**北森《きたもり》嘉蔵《かぞう》**氏（一九一六〜一九九六　プロテスタントの神学者・牧師として、『神の痛みの神学』に代表される独自の神学を展開した。）の『神の痛みの神学』は各国語に翻訳され、西洋の神学に影響を与えた稀有な日本の神学書です。北森氏は仏教学者・**金子《かねこ》大栄《だいえい》**氏（一八八一〜一九七六浄土真宗大谷派の学僧で、大谷派の近代教学形成に貢献した。）の「病は病に依《よ》りて救わるるのである」とのことばに触発されました。それは金子氏が聖徳太子の『**維摩《ゆいま》経《きょう》義疏《ぎしょ》**』（義疏とは経典の注解書のこと。在家仏教者、維摩詰の活躍を描く『維摩経』に聖徳太子が注釈をしたもの。）について解説した文章です。「傷は傷によりて癒《いや》される」という聖書の福音に最も近づいた思想を、祖国の宗教的大先達のうちに見出した、と北森氏は感謝しています。

しかし北森氏は、「神の痛み」はわが子の背信への唯一の父としての怒りを抜きにしては理解できないともいうのです。怒りのない痛みは同情を出ないのではないか、と仏教に対する提言も北森氏は行なっています。ここには、観音菩薩の慈悲に憧れる世界とは、少し異質なものがあることを感じないでしょうか。仏教に触発された日本人神学者が行なった「神の痛み」というユニークな提言には、味わい深いものがあります。

ゴータマ・ブッダのことば—2

常に一番難しいことに挑め

「心は、捉《とら》え難《がた》く、軽々とざわめき、欲するがままにおもむく。その心をおさめることは善いことである。心をおさめたならば、安楽をもたらす。
心は、極めて見難く、極めて微妙であり、欲するがままにおもむく。英知ある人は心を守れかし。心を守ったならば、安楽をもたらす。
（『ブッダの真理のことば』第三章　心　35・36）

ゴータマ時代のインドでは聖なる文章は書いてはならず、暗誦しなければなりませんでした。伝票の記録などは残っていますが、宗教のことばは文字として残されていません。紀元直前に初めて書物にされるまでの数百年間、このような韻文で歌うようにゴータマのことばは、暗唱されて伝えられていったのです。

ここにも、心への集中が見られます。しかし、肝心な心は常に散漫になりやすいもの。どんな大事なことに従事していても、心だけあらぬ方向に飛んでいってしまうものです。タイムカードを使って時間で管理したり、報告書を出させて文書で管理することはできます。それこそ縄をつけて、目に見える身体を管理することもできるでしょう。しかし、その人の心を管理することはできません。治めることが至難の業わざである心の修養は、困難だからこそ、またすばらしい。そんな熱いメッセージが読む者の心に伝わってきます。結局、一番難しいことをせよと言うのが、ゴータマの教えなのです。

第五章

「五蘊皆空」に迷う心

この世に変わらぬものなどなく、永遠のものもない。
あるのは「諸行無常」だけだ

第五章で解説する経文◎

般若波羅蜜多心経　唐三蔵法師玄奘訳

観自在菩薩　行深般若波羅蜜多時　照見五蘊皆空　度一切苦厄

舎利子　色不異空　空不異色　色即是空　空即是色　受想行識　亦復如是

舎利子　是諸法空相　不生不滅　不垢不浄　不増不減　是故空中

無色無受想行識　無眼耳鼻舌身意　無色声香味触法　無眼界乃至無意識界

無無明亦無無明盡　乃至無老死　亦無老死盡　無苦集滅道　無智亦無得

以無所得故　菩提薩埵　依般若波羅蜜多故　心無罣礙　無罣礙故　無有恐怖

遠離一切転倒夢想　究竟涅槃

三世諸佛　依般若波羅蜜多故　得阿耨多羅三藐三菩提

故知般若波羅蜜多　是大神呪　是大明呪　是無上呪

是無等等呪　能除一切苦　真実不虚故　説般若波羅蜜多呪　即説呪曰

掲帝掲帝　般羅掲帝　般羅僧掲帝　菩提僧莎訶　般若波羅蜜多心経

無常の現実を見つめると、見えてくる「覚り」への道

◎——唐三蔵法師玄奘訳「般若波羅蜜多心経」

舎利子《しゃりし》　色不異空《しきふいくう》　空不異色《くうふいしき》　色即是空《しきそくぜくう》
空即是色《くうそくぜしき》　受想行識《じゅそうぎょうしき》　亦復如是《やくぶにょぜ》

●玄奘訳読み下し

舎利子よ。色は空に異ならず、空は色に異ならず。色は即ちこれ空、空は即ちこれ色なり。受想行識もまたかくの如し。

●現代語試訳

舎利子よ。形あるものは空なるものに他ならず、空なるものは形あるものに他ならない。形あるものは空なるものである。空なるものこそ形あるものである。このように感受作用も、表象作用も意志作用も、認識作用もまた空なるものである。

この経文をより理解しやすくするために、前章にあげた般若心経冒頭から本章で扱う本文と、その読み下しを再度引用しておこうと思います。

観自在菩薩《かんじざいぼさつ》　行深般若波羅蜜多時《ぎょうじんはんにゃはらみたじ》　照見五蘊皆空《しょうけんごうんかいくう》　度一切苦厄《どいっさいくやく》
舎利子《しゃりし》　色不異空《しきふいくう》　空不異色《くうふいしき》　色即是空《しきそくぜくう》　空即是色《くうそくぜしき》
受想行識《じゅそうぎょうしき》　亦復如是《やくぶにょぜ》

観自在菩薩、深般若波羅蜜多を行じし時、五蘊皆空なりと照見（明らかに見る）し、一切苦厄を度したまえり。舎利子よ。色は空に異ならず、空は色に異ならず。色は即ちこれ空、空は即ちこれ色なり。受想行識もまたかくの如《ごと》し。

◎五蘊とは「人間」そのもの

般若心経の中で最も有名な「色即是空　空即是色」というフレーズは、色・受・想・行・識と続く五蘊《ごうん》がみな、空《くう》であるということから語り出します。全体をまとめていうと、「五蘊皆空《ごうんかいくう》」となります。本章で扱うために、あえて前章ではこの句に触れませんでした。

本章のテーマは「五蘊皆空」です。すべて空であると宣言されている「五蘊」とは、一体何なのでしょうか。

「蘊」は集まりを意味しますので、「五蘊」は五つの集まりということになります。色《しき》・受《じゅ》・想《そう》・行《ぎょう》・識《しき》の五つの集まり、それが人間であると定義しているのです。この五つがたまたま集まって人間となっているのであり、ほどけてしまえば人間という存在はないということです。仏教は人間を、つかの間の集合体として見ているわけです。「五蘊」はまた、世界をも意味します。「五蘊」なる人間が、また世界そのものでもあるというところが、とても仏教的だと思います。

「色」は、色形ある物のことです。ただし、仏教が問題にするのは色形があって、目鼻など私たちの感覚器官でとらえられる物だけです。それ以上のこと、つまり**形而上**《けいじじょう》（現象世界を超越した実体や神、魂などを対象とする学問。ゴータマは現象世界だけを対象として思索を行ない、宗教を確立しようとした。）の議論についてゴータマは何も語っていません。「**無記**《むき》」（解答されないこと。ゴータマによって、あえて解答されな

〈空〉とは？

この世は常に
移り変わるもの。

見えるもの、
見えないものにかかわらず、

不変のものはこの世にはない。
無我とは、

いつまでも変わらない私など、
存在しないということ。

苦を脱却するまでの道のり

苦の自覚
▼
原因究明
▼
欲望超克
▼
苦の消却

かった形而上学的な主張や問い。）と呼ばれるゴータマの哲学者としての、ある意味で戦略的な態度といってもいいでしょう。世界は有限か無限かといった、形而上学的議論は、覚りという宗教的目標の達成のためには役に立たないと、ゴータマは考えたのです。

人間における「色」とは、色形を持つ私たちの身体のことを指します。

「受」は、感受作用のこと。人間は感覚器官によって目前の現象から何事かを感受して、最初の触れ合いを持ちます。ここからは、色形ある現象世界をとらえる人間の働きに、注意は集中していくことになります。感覚器官とその作用の分析も仏教では発達しており、それについては次章でくわしく述べようと思います。

「想」は、表象作用のこと。思い描く働きのことです。イマジネーション（想像力）を働かせることが、インド仏教を理解するためにはどうしても必要です。特に般若心経は短い経文の中に、仏教について多くのことが含まれているだけに、なおさらです。

「行」は、意志作用のこと。ただ、それだけではすまない概念です。人が何事かを行なうと、必ず潜在的な結果が伴い、想いにとらわれるようになります。それを業と呼びます。「行」も何かをもたらしていく意志作用を意味していて、「意志的形成力」（紀野一義・中村 元）のような苦心の訳語もあります。

「識」は、認識作用のこと。目の前にある、色形をもって移り行く世界の本質をつかむことです。人間とは、この五つの集まりだということです。色形を持つ「色」としての身体が一つで、あとの四つはみな心（精神作用）のことです。

身体が一に対して心が四の「五蘊《ごうん》」とは、精神的なあまりに精神的な人間像です。心の働きにのめり込んでいくところにこそ、インドの仏教という宗教の魅力もあることは間違いありません。

「五蘊」とは身体が触れたり考えたりすることで生まれる、心的世界だということができるでしょう。心的世界だからこそ、自分が想うままに、どこまでも広がっていくことができます。無限に広がった自己世界。それが世界だとするなら、「五蘊」は自分そのものであると同時に、世界でもあるというところにつながっていきます。

「五蘊」は、あなたの心的空間といえば分かりやすいでしょう。その心的空間は無限に膨張し、「五蘊」が世界であるということにもなっていくのです。ミクロの「私」がマクロの世界でもあるということです。あなたの手のひらを見つめてください。それはあなたの手ですが、宇宙そのものかもしれません。そのような神秘的な問いかけが、般若心経には込められています。

◎あなたの体はあなたのものであって、あなたのものではない

ゴータマはこの世界を、「絶えず変化するものとして理解しよう」と訴えました。「この世に変わらないものはない。人の命も永遠ではない。しかし、命が消えることは苦ではない。命が消えることを知らず、きちんと見つめないことから苦厄が生まれる」のです。

これが、ゴータマの「諸行無常」です。

本書でも何回か登場する「諸法無我」ですが、「諸行無常」とは少し違った意味を持ちます。「諸法無我」を直訳すれば、「一切の存在は不変の実体としての我ではない。私というものも存在しない」ということになります。

法とは「世界」、無我とは「不変の実体としての自己は存在しない」という意味で、単に「我」を指すわけではありません。死んでも変わることのない実体としての自己、そのような不変の実体としての「我」は、目に見える世界にも、考えられる世界にもないのだと、ゴータマは主張したのです。それこそが、〈空〉の意味なのです。

私たちを構成している「五蘊」のどれを取ってみても不変の存在などはなく、時々刻々と変化していきます。世の中そのものも同じことです。それが、「五蘊皆空」の意味です。

無常であり、空であるこの世界に、また「私」自身にも、それ以上確かなものを期待してはいけないということです。無常なる自分自身がいつまでも変わらずに続くなどと夢想してはいけない。

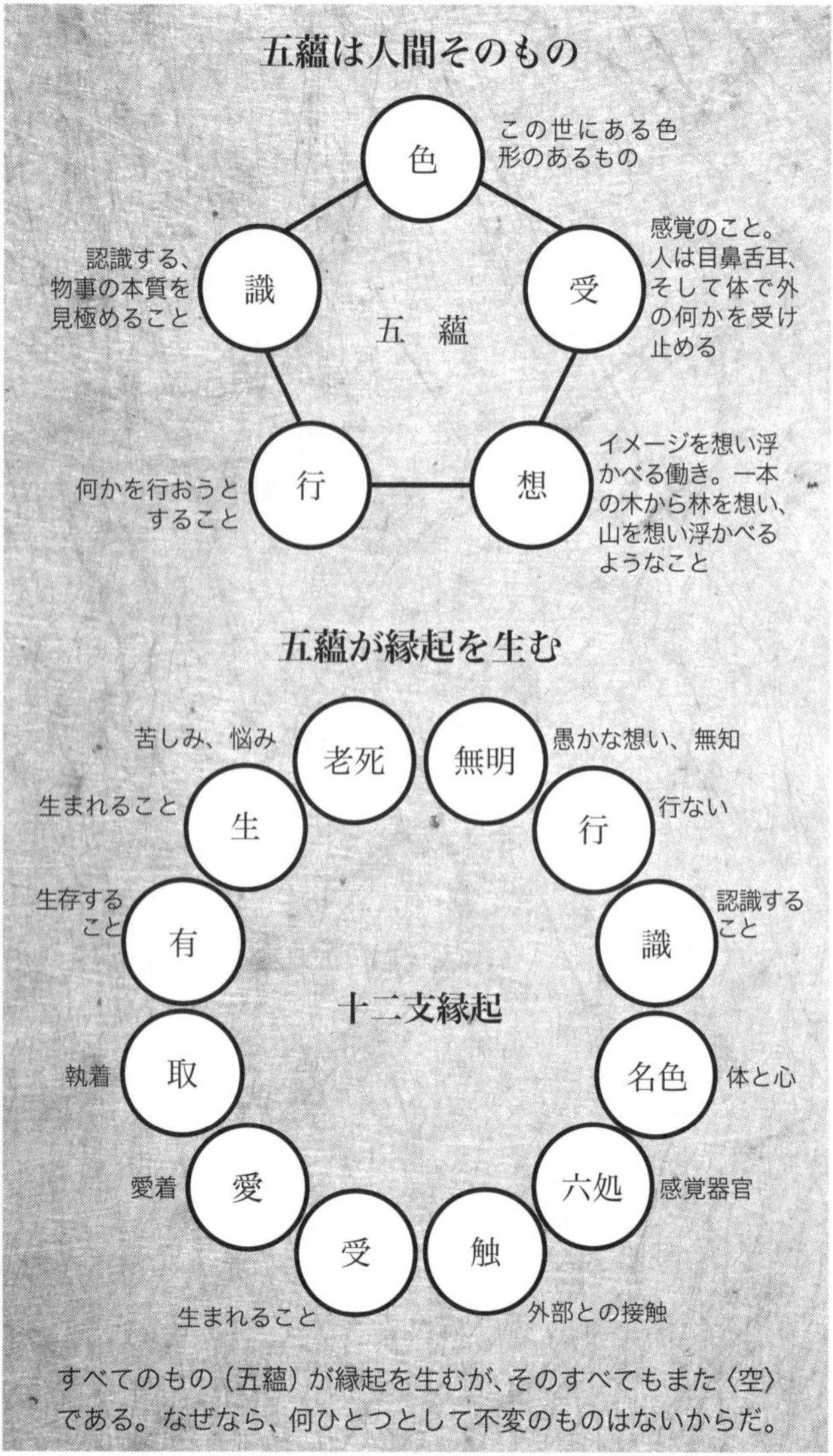
五蘊は人間そのもの
色
この世にある色
形のあるもの
受
感覚のこと。
人は目鼻舌耳、
そして体で外
の何かを受け
止める
想
イメージを想い浮
かべる働き。一本
の木から林を想い、
山を想い浮かべる
ようなこと
行
何かを行おうと
すること
識
認識する、
物事の本質を
見極めること
五　蘊
五蘊が縁起を生む
無明
愚かな想い、無知
行
行ない
識
認識する
こと
名色
体と心
六処
感覚器官
触
外部との接触
受
生まれること
愛
愛着
取
執着
有
生存する
こと
生
生まれること
老死
苦しみ、悩み
十二支縁起

すべてのもの（五蘊）が縁起を生むが、そのすべてもまた〈空〉である。なぜなら、何ひとつとして不変のものはないからだ。

移り行く世界にしがみついたり、変わり行く自分に執着してはいけない。しっかりと目を覚まし、無常なる現実を見極めて揺るがないこと。それが覚るということであり、空なる真理を体現するということなのです。そのような生き方を、般若心経は求めていると言っていいでしょう。

◎「色即是空、空即是色。」で迷いを吹っ切る

「色不異空《しきふいくう》　空不異色《くうふいしき》
色即是空《しきそくぜくう》　空即是色《くうそくぜしき》
受想行識《じゅそうぎょうしき》　亦復如是《やくぶにょぜ》」

色も、受も、想も、行も、識も、つまり五蘊《ごうん》としての人間も、世界も〈空〉なるものであるということです。逆に、〈空〉なるものこそが人間であり、世界であるということです。人間も、世界も目の前にあるけれども、いつまでも変わらずにあるのではない。いつかは過ぎ去る存在としてはそこにある。それが〈空〉なるものであるということです。逆に言えば、過ぎ去るものとしてでなければ、この「私」の生身のからだは無いし、私たちのかけがえのない人生も無いのです。また、

時々刻々変わっていく日本の社会も、激動する二十一世紀初頭の国際社会も無いということです。〈空〉であるからこそ「私」も、世界も存在している。この〈空〉の感覚をつかむことが生きるうえでとても大切なのだ、と般若心経は語りかけています。

私は四十代になってから茶道に出あいました。土、竹、鉄や銅、花、木や石、織物など日本人が愛してきたものに触れながら、一碗の茶をもって人をもてなす。亭王が客人に仕えるのもそこに人と人との交わりを生み出すことも、キリスト教になじむものを感じ、少しずつ親しむようになりました。お茶を飲むという日常茶飯事を様式化し、その型を身につける修行にも心惹《ひ》かれるものがありました。次第に、茶碗の良さも少しずつ見えてくるようにもなったのです。

京都から車で二時間ほど走ると、滋賀県の信楽《しがらき》に行くことができます。過日、この焼き物の里を妻と二人ではじめて訪ねました。信楽焼は釉薬《ゆうやく》をかけずに焼き締めるもので、野趣のある作品が多いです。はるか古代から、この地で陶工たちが仕事をしてきたのかと思うと、自分たちの人生の短さをふと感じたものです。

ある店の一角に茶陶《ちゃとう》のコーナーがあり、ガラスケースに入った茶碗には数万〜数十万の値が付いていました。ケースの外に並べられた安い物の中で一つの茶碗に目が留まりました。手にとってみると、「あかるさび」と呼ばれる信楽独特の発色も良く、静かなたたずまいの茶碗です。ケースの中の茶碗にも決して劣らないと思って見回していると、内側の底の「見込《みこみ》」の部分に小さなキズがありました。恐らく、焼成中についたものでしょう。「お前は玉に瑕《きず》だったのか」と話しかけて代価を払い、「連れ帰って」きました。

茶道では「一期一会《いちごいちえ》」の出会いを大切にしますが、私はこの「玉に瑕」の茶碗にとても愛着を感じています。ひと息入れる時には手にとって眺め、抹茶《まっちゃ》を点《た》てて飲み終わると、キズの部分に茶がたまっています。そのキズにも親しみを感じるのです。大事なゲストを迎えた時は、この茶碗で呈茶しようと思います。それだけに、出し入れも洗う時も注意して取り扱っています。

しかし、はっきりしているのは、陶器である以上は割れてしまう危険性を、いつもはらんでいるということです。それだからこそ、愛《いと》おしくも感じます。もし、投げ捨てても割れないようなプラスチック容器だとしたら、こんな繊細な姿はあり得ません。割れ物だからこそ、相棒のような特別な愛着も芽生えてくるのだと思います。

「色即是空　空即是色」

形あるものは、必ず壊れるものとして存在します。また、壊れるものだからこそ、見事な形をなして存在することにもなります。人は「土の塵から」造られたと聖書がいうように、人間の身体も土の成分からできています。無理な使い方をしたり、長年使っていれば、壊れていくものです。もちろん、病気や事故によって壊れる可能性とも隣り合わせです。身体は丈夫でも心が壊れていくことは、精妙に造られた人間ゆえの危うさです。思春期に危機を迎え、働き盛りにも思わぬクライシスが潜《ひそ》み、老年期にも積み上げた人生の末節を汚しかねません。

しかし、そのような壊れるものとしてはじめて愛する家族も、大切な同僚も、私自身も今ここに存在しているのです。

大江健三郎氏は『壊れものとしての人間――活字のむこうの暗闇』（講談社、一九七二年）という長編評論で、自己の死と核兵器による世界の破滅を予感しつつ、みずからを顧みて語っています。「壊れもの」として自分自身を、そしてこの核時代の世界を見る目には、「色即是空」の精神が生きていると思うのです。重い障害をもって生まれてきた長男の光さんと共に生きることから、ご自身の人生と文学をやり直そうとしてこられた生き方にも、〈空《くう》〉を生きる姿勢を感じます。

「壊れもの」であるからこそ、その姿に感動するような人に私たちは出会うことができます。「壊れもの」であるからこそ、何十回と自己破壊できる武器を持ってしまったこの地球に、かけがえのない美しさを感じることができるのではないでしょうか。この空の感覚を持つことは、とても大切だと思います。

イエスがエルサレムの神殿から出ていくとき、弟子のひとりが言います。
「先生。これはまあ、何とみごとな石でしょう。何とすばらしい建物でしょう。」
（マルコの福音書13章1節）
すると、イエスはこう答えるのです。
「この大きな建物を見ているのですか。
石がくずされずに、積まれたまま残ることは決してありません。」
（同2節）

海抜七九〇メートルの都エルサレムに築かれた壮大な神殿は、その当時のイスラエルで見ることのできる最大で堅固な建築物でした。上を見上げて圧倒される弟子に対して、やがてこの石の大建築が粉々に崩される様《さま》を、イエスの目は見ていたのです。それは四〇年ほど後、紀元七〇年のローマ軍による破壊によって現実のものとなります。また、イエスはこの世の終わりの時をも遠望していたのだと思います。

崩されずに残るものは何もないのだ。そのように大建築群を見るイエスの目は、「色即是空」の感覚に通じるものがあります。そのイエスが神殿で注意して見ていたものは、他にありました。それは神殿の献金箱にわずかの金額を投げ入れた、ひとりの女性の姿です。まわりには裕福な人たちが大金を献金していました。現在のような社会保障もなく、夫に死なれて「やもめ」となった女性は、特に厳しい生活を強《し》いられた時代です。イエスは弟子たちに言います。

「この貧しいやもめは、献金箱に投げ入れていたどの人よりもたくさん投げ入れました。みなは、あり余る中から投げ入れたのに、この女は、乏《とぼ》しい中から、あるだけを全部、生活費の全部を投げ入れたからです。」

（マルコの福音書12章43〜44節）

百円玉一枚か二枚を、しかし彼女の生活費のすべてを神に捧げようとした女性の困窮した生活とその捨て身の献身が、イエスの目にはありありと見えていたのです。大神殿がやがて崩れる様を見るその目だからこそ、誰も気に留めなかったかもしれない、ひとりの女性の生活と心がよく見えていたのでしょう。

そこには、「空即是色」の精神に近いものがあります。この世界が空なるものであることを知ってこそ、目の前にある人の痛みや心の豊かさも見えてくるのではないでしょうか。それこそ、超高層ビルの聳《そび》え立つ大都会に憧れたり、ブランド物に心囚われていたりしていると、自分の目の前の大切な人の姿は見えなくなってしまうのかもしれません。また、自分の姿をも見失ってしまうのかもしれません。

「色即是空　空即是色」

この空の感覚はこの順序で、この両面をつかむことが大切なのでしょう。この空の感覚を自分のものにしたいものです。本当に見るべきものが見えるように、自分の人生を本当に大切にしていくために、この空の目、この〈空〉の感覚をもって生活をしていきたいものです。

ところで、私たち日本人は〈空〉をもって言い直された仏教の無常観に、どれほどの影響を受けてきたのでしょうか。いろは歌を味わいつつ、次に考えてみたいと思います。

◎「いろは歌」は、浅はかな夢を戒める

いろはにほへと　ちりぬるを　　色は匂へど、散りぬるを。
わかよたれそ　つねならむ　　我が世誰ぞ、常ならむ。
うゐのおくやま　けふこえて　　有為の奥山、今日越えて。

あさきゆめみし　ゑひもせす　浅き夢見じ、酔ひもせず。

いろは歌（異なる音の仮名を重複させずにすべて使って、七五調四句、四七文字の詩にしたもの。作者は空海とされていた時期もあったが、成立が十世紀後半と考えられることから、現在では「作者不詳」が定説となっている。諸行無常偈《げ》という詩句の和訳とも言われる。「諸行無常、是生滅法、生滅滅已、寂滅為楽」とは、「すべての現象世界は無常であり、生滅するのが法則である。生じ滅することがなくなった静けさのうちに、安らぎは見出される」という意味。この詩句は、ゴータマが前世において雪山で修行していた時に伝え聞いたという伝説から、「雪山偈」とも呼ばれる。）は仏教的な無常観を詠《うた》った歌であり、ひらがな各一字をすべて一回だけ使って作られた超絶技巧の**韻文**《いんぶん》（同じような響きを持つ言葉を、一定の規則に基づいて並べて構成した文。いろは歌はその典型。俳句や短歌のような定型句歌も韻文に含まれる。）でもあります。七五調を四回繰り返す、平安時代に宮廷で流行した「今様《いまよう》」という歌謡形式を持ち、十世紀後半に成立したと考えられています。このような歌が作られたことで、日本には仏教の無常観が深く浸透してきたことがよく分かります。

しかし私は、ゴータマが「諸行無常」「諸法無我」と唱え、般若心経が「五蘊皆空」と語る宗教的世界とは、どうしても異質なものも感じてしまいます。仏教によって日本の何が変わり、変わらなかったのか。あるいは、日本が仏教の何を変えてきたのか。そんな問いを持ちながら、いろは歌を読んでみましょう。

「色は匂へど、散りぬるを。（いろはにほへと、ちりぬるを。）」

咲き誇る花の色香も、やがては散ってしまうものだと言っています。仏教用語「色《しき》」が巧みにかけられていますが、「色」はどこか色っぽい言《こと》の葉《は》に変身しています。人間的な辞典だとして注目を集めた『新明解国語辞典』（三省堂）には、「色香」を次のように定義しています。読むと、たしかに人間臭い辞典です。

「〔もと、美しい花の色と、そのかおりの意〕離れて見た女性の顔かたちの美しさと、近寄って感じる香料と体臭の交じった、なんとも言えないよさ。〔男性を魅了するに十分なもの〕」

艶《あで》やかな美人もやがては容色衰え、死に至る。死ねば身体は醜く膨張し、赤黒い色に変色し、体中に蛆《うじ》がわいて、ついには白骨化していく。そのすさまじい様相の変化を一心に念じて、心の中で凝視させる仏教の瞑想《めいそう》修行があります。色形を持つ現象的存在が移ろいゆくものであることは否定しようがありません。

「色は匂へど、散りぬるを」。こう詠《うた》い始めるとき、「色即是空」と断じるのとは違った、哀感を漂わせた美学のようなものが動き始めるのを感じます。

散りゆくものへの哀惜《あいせき》であり、その哀しみに自己陶酔しかねないのが、私たち日本人の体質ではないでしょうか。

「我が世誰ぞ、常ならむ。（わかよたれそ、つねならむ。）」

我が世の春を謳歌《おうか》する者も、やがては必ず滅びてしまうということです。中学の国語の時間に、平家物語冒頭の名調子を暗唱したことを思い出します。

「**祇園精舎**《ぎおんしょうじゃ》（祇園というと京都を思い浮かべてしまうが、もとはゴータマの導く修行者たちに寄進された僧院の名前。）の鐘の声、諸行無常の響きあり。
沙羅双樹《さらそうじゅ》の花の色、盛者必衰《じょうしゃひっすい》の理《ことわり》を表す。
奢《おご》れる人も久しからず。ただ春の夜の夢の如《ごと》し。
たけき者も遂《つい》には滅びぬ、偏《ひとえ》に風の前の塵《ちり》に同じ。」

かつては天皇をも自在に操る権勢を誇った、平家没落の哀歌です。後年に書かれた『平家物語』の冒頭の言葉として有名です。**平家**（四つの系統があるが、桓武《かんむ》天皇から出た桓武平氏が圧倒的な力を持っていた。「奢れる平家」とは清盛の時代。）を壇ノ浦に沈めた源氏もまた、北条家に取って代わられます。北条家もまた滅びます。奢れる者も夢のごとく、塵のごとく消えていく。それがこの世の習いです。平家没落の悲劇が琵琶《びわ》の音とともに詠《うた》われると、無常なる原理を覚るというよりも、その哀感に酔ってしまう私たちの感性がまた出てきてしまいます。

しかしそれは、般若心経が教える諸行無常とは違うというのが、私のこだわりです。私たちのそのような感性は、仏教をもってしても変えられなかったということなのでしょう。

「有為の奥山、今日越えて。（うゐのおくやま、けふこえて。）」

「有為」も仏教用語で、何らかの原因によって今そこにあるにすぎない現象世界を意味します。これに対して、何かの原因による現象的存在ではないものを「無為《むい》」と言います。仏道修行の到達点である涅槃《ねはん》（覚りの世界）などは「無為」とされます。涅槃を目標としている仏教は、空《うつ》ろな現象世界を何とかして超えようとしているのです。

この一句を読むと私は、漂泊の俳人・**種田山頭火**《たねださんとうか》（一八八二～一九四〇年　明治、大正、昭和にかけて活躍した俳人。実家の酒屋問屋が破産し、家族が離散。山頭火も自殺を図るが、熊本市の報恩禅寺の住職に助けられ、寺男となる。一九二四年に得度。以後、雲水姿で各地を放浪しながら、句作に励む。自由律俳句の代表的俳人として、その作品は今でも人気が高い。）の「分け入っても分け入っても青い山」という名句を、どうしても連想してしまいます。山頭火の自由律の俳句は、仏教的無常観を詠っています。どんな山奥に分け入ってみても、生臭い欲望に振りまわされる悲しい現実がそこにあります。

宗教者は越えがたい山を越えようとする意欲を失ってしまえば、途端に精彩を欠いてしまいます。越えられなくても、越えなければならない。越えようとしなければならないのです。いや、宗教者ばかりではありません。これは、すべての人にあてはまる教訓でしょう。

「どうしようもないわたしが歩いてゐる」

「うしろすがたのしぐれてゆくか」

「まっすぐな道でさみしい」

そんな山頭火の弱さと自潮気味の哀愁にひかれてしまう私の中にも、修行解脱《げだつ》の世界に徹し切れない、日本人としての心が棲《す》んでいるのかもしれません。しつこいようですが、それはインドの仏教、そして般若心経とは異質の精神だと思うのです。

「浅き夢見じ、酔ひもせず。（あさきゆめみし、ゑひもせす。）」

酒に酔って、浅はかな夢など見てはならない。過ぎ去りゆく現実をしっかり見つめて生きる。仏教の覚りとは、そんな厳しい覚悟をいうのだと思います。だから、酒に酔うことはもともと許されないことです。原始仏教には在家信者に対する五戒があって、その第五戒が「不飲酒戒《ふおんじゅかい》」です。飲酒そのものを在家信者にも禁じているのです。目覚めること、精神の覚醒を目指す仏教では、酩酊《めいてい》は敵でしかありません。「不飲酒戒」が日本で遵守されているかどうかは別問題として、まことに仏教らしい戒めです。

「この世に確かなものがあるかのごとき愚かな幻想をかなぐり捨てて、目を覚まして生きよ」。これが、仏教という宗教のメッセージです。しかしそれが、浮き世の悲哀に酔うような日本的情感に、どうして変質してしまうのでしょうか。無常の世であると見極《みきわ》めなければならないのに、どうせ無常の世だからという哀感にどうしてなってしまうのでしょう。仏僧も、般若湯《はんにゃとう》などというお酒を飲んでいるではないかと言挙《ことあ》げして、日本仏教を揶揄《やゆ》するつもりは毛頭ありません。私は自分の中にある宗教性を省みているのです。私はインド仏教が持つ妥協なき厳しさにも強い関心を持っていますが、それと日本の仏教のありようとのズレがまた気になって仕方ありません。いろは歌には無常観よりも、無常「感」を感じてしまいます。それは私が日本人として、キリスト教徒にどこまでなり得ているのかの問いにつながっていくのです。

◎人生は空。しかし空は「虚無」を指すのではない

牧師としての反省というなら、〈空《くう》〉の概念がキリスト教国でひどく誤解されてきた歴史に、どうしても触れなければなりません。空の教理が誤解されてきたことを悲しんだのは、般若経の代表

的研究者であったエドワード・コンゼです。ドイツで生まれ、イギリスで活躍したコンゼは、般若心経のサンスクリット語本文の網羅的な研究を行ないました。ヨーロッパの学者には珍しく仏教史の著作もあり、コンゼの名を冠した『コンゼ仏教――その教理と展開』が平川 彰氏と横山紘一氏により邦訳されています。

〈空〉は英語でエンプティネスと訳されて、空《から》という原意から、空・うつろな・内容がないといった意味に転じました。そこで、仏教の核心にあるのは空虚なものである。うつろなものにどうして宗教の根拠を置くことができるのかというわけです。〈空〉を標榜《ひょうぼう》する仏教に対して、そんな誤った批判がキリスト教国において行なわれてきました。これは誤解でしかなく、議論や弁明以前の問題です。そこで、仏教の概念〈空〉を説くコンゼの言葉を少し紹介しましょう。

「〈空〉を意味するサンスクリット語シューンヤターは、膨らむという意味の動詞から派生した語である。この語源からすると〈空〉の意味は、外からは膨らんだように見えるが内部は空《うつ》ろであるということである。『膨らんだ』と『内部はうつろである』とは一見対立する概念のように見えるが、私たちの先祖たちは、ある事態の持つ相対立する二側面を表すのに同一の語根を用いたのである」

「したがって我われ個人は、五蘊から構成されているという意味では膨らんでいるが、中心的自我を欠いているために、内部的には空であるということができる。」（エドワード・コンゼ〈平川彰・横山紘一訳〉『コンゼ仏教—その教理と展開』大蔵出版、一九七五年、一九二〜一九四頁）

「膨らんでいる」は「異質の物で満たされている」という意味になることもあります。女性が妊娠してお腹が膨らんでいる場合、それは女性とは異質の胎児によって膨らんでいるにすぎません。それと同様に、個人は自己とは異質のもので膨らんでいるにすぎないから、胎児と同様にそれを取り出さなければならない。このように述べて、コンゼは次のようにコメントしています。

「śūnyatā（シューンヤター）という言葉の持つこのような意味が、この言葉をemptiness（エンプティネス）と表現することによって、失われることは非常に残念である。また数多くの誤解を招くことにもなる。特に佛教の手ほどきを受けていない者には、この空性は、涅槃《ねはん》と同じく、単なる虚無に思えるであろう。」

仏教学者コンゼの憂いはキリスト教欧米一般に見られたもので、今日に至っても払拭《ふっしょく》されていないように思います。〈空〉が仏教の本質に関わる概念であるだけに、このような間違いは見逃せません。キリスト教の立場から英語で書かれた諸宗教に関する最近の教養書にも、この誤解からのコメントを見かけて悲しく思ったことがあります。もちろん専門的な研究は進んでいますが、一度できた一般的なイメージを払拭するのは、なかなか難しいことなのかもしれません。

キリスト教国で、〈空〉の概念が単なる虚無と誤解されたことの原因の一つに、旧約聖書の「**伝道者の書**」（ヘブル語の〈コヘレト〉が伝道者と訳された。旧約聖書の詩文学の一つで、「空の空」を唱えることにより、人生の意義を問うている。）冒頭のことばがあると、私は考えています。

本書での聖書引用は新改訳聖書を使っていますが、新共同訳聖書では「**コヘレトの言葉**」と原語のヘブル語をそのまま使った表題となっています。試しに両方の翻訳を対比してみましょう。

「空の空。伝道者は言う。空の空。すべては空。
日の下で、どんなに労苦しても、それが人に何の益になろう。」
（伝道者の書1章2〜3節）

「コヘレトは言う。なんという空しさ　なんという空しさ、すべては空しい。
太陽の下、人は労苦するが　すべての労苦も何になろう。」
（コヘレトの言葉1章2〜3節）

〈空《くう》〉と訳されたヘブル語はヘベルで、湯気や息を意味し、比喩《ひゆ》的に空《むな》しさを意味します。

英語の聖書では、空虚（ヴァニティ）とか無意味な（ミーニングレス）などと訳されています。ここで言われる空しさとは、創造主なる神を見失ってしまった人生の空しさであり、無意味さです。

人生を根底から支える神との関係を取り戻させるべく、あえて神なき人生の空しさを訴えているのです。だから、ここでいう空しさには積極的な意味は何もありません。神を見失った者は存在の意味を失うということなのです。だから、伝道者の書は結論部で次のように述べています。

同様に二つの翻訳から引用してみましょう。

「あなたの若い日に、あなたの創造者を覚えよ。わざわいの日が来ないうちに、また『何の喜びもない』と言う年月が近づく前に。」
（伝道者の書12章1節）

「青春の日々にこそ、お前の創造主に心を留めよ。苦しみの日々が来ないうちに。『年を重ねることに喜びはない』と言う年齢にならないうちに。」
（コヘレトの言葉12章1節）

〈空〉に関するこのようなイメージが根底にあって、仏教の〈空〉の概念を理解しようとするので、先のような誤解を生んでしまうことになったのでしょう。ゴータマが「無我」と言い、大乗仏教運動において〈空〉と再提示されたのは、仏教の中心をなす思想です。それだけに、キリスト教の世界において〈空〉の概念は慎重に扱われなければならないと思います。

般若心経の〈空〉と聖書の伝道者の書がいう「空」は、まったく別の意味で使われているのです。キリスト者にとって大切なのは、まずその基本的な意味の違いを知って、誤解を正すことです。仏教用語が日常的な日本語に多くなっているため、『仏教辞典』を一冊持っておくことを、私は牧師になる神学生にいつも薦めています。これは理解の問題です。

日本人は今こそ、般若心経の〈空〉が持つ乾いた真理に向かい合う時ではないでしょうか。先行きが見えない時代だからこそ、本当のものを求めて哲学書が売れています。〈空〉は仏教の基本哲理と言えます。般若心経を写経したり、歌うように唱えることもいいのですが、ここで般若心経を哲学書として読み直してみてはどうでしょうか。じっくりと座って、自分の人生を根本から考え直すことを、このコンパクトな経典は求めているのです。

ゴータマ・ブッダのことば―3

「悪」の一滴は、いつか水瓶を満たす

「『その報《むく》いはわたしには来ないだろう』とおもって、悪を軽んずるな。水が一滴ずつ滴《したた》りおちるならば、水瓶でもみたされるのである。愚かな者は、水を少しずつでも集めるように悪を積むならば、やがてわざわいにみたされる。

『その報いはわたしには来ないであろう』とおもって、善を軽んずるな。水が一滴ずつ滴りおちるならば、水瓶でもみたされる。気をつけている人は、水を少しずつでも集めるように善を積むならば、やがて福徳にみたされる。」

(『ブッダの真理のことば』、第九章、悪、一二一・一二二)

悪に向き合うことは、宗教の存亡を決するほど重大な課題です。

目を見張るのは、水瓶をやがて満たす一滴の水に悪がたとえられていることです。まことにそういうものだろうと思います。これくらいは人には見えない、これくらいなら自分の本質には関わらないから大丈夫などと高をくくって、少しだけ悪に手を染める。いつも少しだけ悪に手をつけて、それだけのことだと思っている。そのちょっとした悪の楽しみが、自分でも気づかないうちにやめられない習慣となってしまいます。ところが何でもないはずの「一滴」が、いつしか水瓶を満たしてしまうことになるのです。

人の宗教心が根っから腐ってしまったり、「一身上の都合で」と詰め腹を切らされることになるのは、そういう次第なのでしょう。自戒あるのみです。

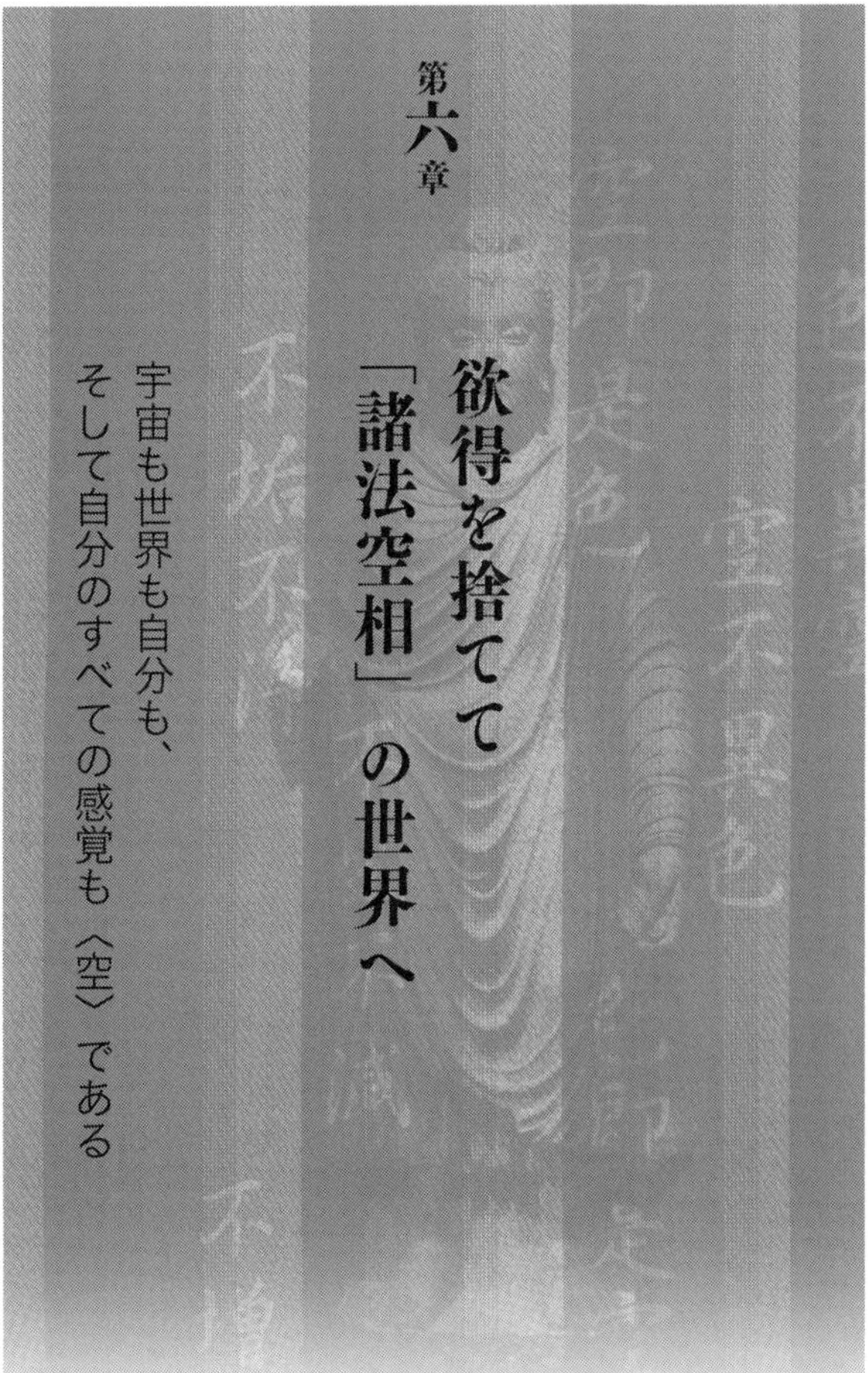

第六章

欲得を捨てて「諸法空相」の世界へ

宇宙も世界も自分も、
そして自分のすべての感覚も〈空〉である

般若波羅蜜多心経　唐三蔵法師玄奘訳

観自在菩薩　行深般若波羅蜜多時　照見五蘊皆空　度一切苦厄
舎利子　色不異空　空不異色　色即是空　空即是色　受想行識　亦復如是

第六章で解説する経典◎

舎利子　是諸法空相　不生不滅　不垢不浄　不増不減　是故空中
無色無受想行識　無眼耳鼻舌身意　無色声香味触法　無眼界乃至無意識界

無無明亦無無明盡　乃至無老死　亦無老死盡　無苦集滅道　無智亦無得
以無所得故　菩提薩埵　依般若波羅蜜多故　心無罣礙　無罣礙故　無有恐怖
遠離一切転倒夢想　究竟涅槃
三世諸佛　依般若波羅蜜多故　得阿耨多羅三藐三菩提
故知般若波羅蜜多　是大神呪　是大明呪　是無上呪
是無等等呪　能除一切苦　真実不虚故　説般若波羅蜜多呪　即説呪曰
掲帝掲帝　般羅掲帝　般羅僧掲帝　菩提僧莎訶　般若波羅蜜多心経

無我という自分を目指す

◎——唐三蔵法師玄奘訳「般若波羅蜜多心経」

舎利子《しゃりし》　是諸法空相《ぜしょほうくうそう》　不生不滅《ふしょうふめつ》

不生不滅《ふしょうふめつ》　不垢不浄《ふくふじょう》　不増不減《ふぞうふげん》　是故空中《ぜこくうちゅう》

無色無受想行識《むしきむじゅそうぎょうしき》　無眼耳鼻舌身意《むげんにびぜっしんい》

無色声香味触法《むしきしょうこうみそくほう》　無眼界乃至無意識界《むげんかいないしむいしきかい》

●玄奘訳読み下し

舎利子よ。是の諸法は空相にして、生ぜず、滅せず、垢ならず、浄ならず、増さず、減らず。この故《ゆえ》に空中には、色も無く、受も想も行も識も無く、眼も耳も鼻も舌も身も意も無く、色も声も香も味も触も法も無し。眼界も無く、乃至、意識界も無し。

●現代語試訳

舎利子よ。このようにすべての存在は空《くう》という性質を持ち、生じるのでもなく、滅するのでもなく、汚れたものでもなく、汚れを離れたものでもなく、増すのでもなく、減るのでもない。それゆえに、空なるものにおいては形あるものは無いし、感受作用も、表象作用も、意志作用も、認識作用も無い。眼も、耳も、鼻も、舌も、身体も、心も無く、形も、声も、香も、味も、触れられる対象も、心の対象も無い。眼による認識の領域から、心による認識の領域に至るまで、すべて無い。

不生不滅（何かに寄りかからない生き方）

◎——**唐三蔵法師玄奘訳「般若波羅蜜多心経」**

舎利子《しゃりし》　是諸法空相《ぜしょほうくうそう》　不生不滅《ふしょうふめつ》　不垢不浄《ふくふじょう》　不増不減《ふぞうふげん》

●玄奘訳読み下し

舎利子よ。是の諸法は空相にして、生ぜず、滅せず、垢ならず、浄ならず、増さず、減らず。

●現代語試訳

舎利子よ。このようにすべての存在は空《くう》という性質を持ち、生じるのでもなく、滅するのでもなく、汚れたものでもなく、汚れを離れたものでもなく、増すのでもなく、減るのでもない。

般若心経はここでもう一度、「**舎利子よ**」（一九一頁解説参照）と呼びかけて、すべての存在は〈空〉であることを再度確かめるように述べています。そのうえで、すべての存在のありようを否定語を重ねて表現しているのです。

すなわち、生じるのでも滅するのでもなく、汚れているのでも清いのでもなく、増えるのでも減るのでもない、と。否定表現を使うことはインド人の特徴ですが、〈空〉であるとはどういう意味なのでしょうか。これら六種の否定表現をたどりながら、考えてみたいと思います。

〈空〉であることを「不生不滅、不垢不浄、不増不減」と言い表した中で、後《のち》に最も代表的な表現として定着することになるのは、「不生不滅」です。仏教の教えの全体を最初に体系化したのは、**龍樹**《りゅうじゅ》（一九二頁解説参照）という二世紀半ばから三世紀半ばに生きたインド人であることは、よく知られています。サンスクリット語ではナーガールジュナとなる龍樹は、般若経における〈空〉の教えを中心として仏教の教理を組み立て、代表作『中論』を著しました。仏教学の基盤を築いた偉大な学僧ですが、日本では少なくとも三蔵法師玄奘のように広く知られる人ではありません。

龍樹は「不生不滅」という般若経の文句を、とりわけ大事にしたようです。〈空〉とは何かを明確化するのに、「不生不滅」という言葉が最も有益だと考えたのでしょう。彼は「八不中道《はっぷちゅうどう》」という表現をもって、中観派と呼ばれる立場を明らかにします。〈空〉を中道と言い換えているのですが、それを八つの「不」をもって表現します。その最初に置かれるのが、「不生不滅」なのです。その八不を仏教学者梶山雄一《かじやまゆういち》氏のサンスクリット語からの訳で引いておきましょう。

「滅しもせず、生じもせず、断絶もせず、恒常でもなく、単一でもなく、複数でもなく、来りもせず、去りもしない依存性（縁起《えんぎ》）は、ことばの虚構を超越し、至福なるものであるとブッダは説いた。その説法者の中の最上なる人を私は礼拝する。」（梶山雄一『空の思想―仏教における言葉と沈黙』人文書院　一九八七年、五七頁）

ここで梶山氏は、縁起を「依存性」と訳しています。縁起の本来の意味は、縁あって起こるということです。すべてのものが互いに依存し合っているありようを言っており、これも空の言い換えです。縁起については、次章で詳しく扱いたいと思います。龍樹は空について、「不生不滅の縁起」とも表現しています。すべてのものは互いに依存し合っているのですから、何かが生じたとか、何かが滅したとは根本的には言えないということです。新しい物が生じるときには、必ず古い物が滅していることです。

◎仏教の基本を作った人たち

【舎利子】実在のゴータマの弟子の一人で、サンスクリット語ではシャーリプトラと言い、舎利弗《しゃりほつ》とも漢訳される。母の名前がシャーリであり、その息子（プトラ）という意味で、シャーリプトラと言われる。もともと懐疑論者のサンジャヤの弟子であったが、ゴータマに帰依《きえ》した。同じくサンジャヤの弟子であった目連《もくれん》とともに、サンジャヤの弟子二五〇人を伴ってゴータマの弟子となる。仏弟子の中では知恵第一として尊敬を受け、ゴータマに代わって説法をするほどの信任を受けた。
般若心経では、観自在菩薩《かんじざいぼさつ》が説法をする相手として登場するが、もちろん実在の舎利子ではない。大乗経典もゴータマ・ブッダが弟子に説法する形式で書かれた。般若経ではゴータマ・ブッダが高弟の須菩提《しゅぼだい》を相手に説法するという形式が一般的であり、ここに舎利子が登場するのは異例である。

【龍樹】 一五〇〜二五〇ごろ。龍樹はナーガールジュナの漢訳名。南インドに生まれ、伝統的なバラモン教の僧侶であるバラモンとしての学識をつけた後《のち》に仏教に改宗し、初期大乗仏教を確立する理論的大指導者となる。現象世界に固定的な実体はないという空の教えを体系化した。空を論じた『中論』を主著とし、インド仏教の二大学派の一つである中観派の祖となる。龍樹以後の大乗仏教はすべて彼の影響を受けていくので、日本では「八宗の祖」とも呼ばれる。中国と日本では三論宗が龍樹の思想を伝えており、日本には奈良時代に伝わった。

「今、食べているものが何年か先の自分の身体になるのだから、しっかりとたくさんの種類の食材を食べないとダメよ」
これは私の妻の口癖です。人間の身体は新陳代謝によって細胞が絶えず入れ替わっているというのは、考えてみれば大変なことではあります。かつての、あるいは今の自分の身体は、何年後かには存在しないのですから。ここに自分の身体は確かに有ったとしても、ずっとこのまま有るのではありません。細胞組織は絶えず入れ替わっていきます。だからこそ好き嫌いをせず、バランスの取れた食事をしなければ、と妻は言うのです。それは知らず知らずのうちに、〈空〉を語っているようなものです。結婚して以来、自分の身体が支えられて仕事ができてきたことに、改めて妻に感謝しなければと思います。

本書初版を書き上げた頃は、火曜から木曜までは東京基督教大学に勤務し、金曜から日曜は京都聖書教会で牧師の仕事を務めていました。そのため毎週、京都〜東京間を新幹線で往復する生活を送っていました。週の初めの早朝、京都駅の新幹線プラットフォームには背広姿の男たちばかりが目立ちます。席に着くと、一様に朝刊を開いて三十分ほど目を通したあと、決まったように眠りにつきます。のぞみ号で京都から東京までは二時間十五分ほどです。到着三十分ほど前になると、彼らは再び新聞を開いたりして仕事に備えるのです。

戦いの週日があって、週末にはまた帰路につくビジネスマンが東京駅に集まります。新幹線内で弁当を開いたり、缶ビール片手にピーナッツを口に放り込んだりしている人たちはみな、とても静かです。しばらくすると、物音ひとつしなくなることもあり、疲れのほどが伝わってきます。私も最初はノートパソコンを開いて仕事をしたりしていたものですが、リラックスして休む場所となりました。

いつも新幹線が京都駅か東京駅を出るとき、妻に携帯電話でメールを送ることにしていました。妻は私が不在の間、教会の細々《こまごま》とした仕事をこなしてくれていました。

「今、京都駅を出発。今週もよろしく」

すると、妻から返事がきます。

「私たちのためにがんばってくれて、ありがとう。気をつけて」

私は今の仕事にいつもがんばってきたつもりですが、正直言って家族のためにがんばってきたという意識があまりないのです。もちろん自分が働き続けなければ、家族は食べてはいけないし、子どもたちを学校に行かせることもできません。しかし、自分の仕事に取り組んだ結果として家族を支えることにもなっている、そんな意識なのです。妻とともに子どもたちに心を配《くば》ってきたつもりですが、やはり思いの大半は、教会や大学の仕事にあったように思います。世の中の忙しいビジネスマンと同じような生活心情を持っているといいかもしれません。こんなことでは、仕事からやがて離れる折りには、私も寂しくてたまらない男のひとりになるのかもしれません。

河合隼雄氏《かわいはやお》（一九二八年～二〇〇七年。京都大学心理学部卒業。スイスのユング研究所で三年間学び、日本でも有数のユング派の心理学者となり、心理療法を確立した。著書も数多い。心理学の視点から、「心」「家族」「宗教」「日本論」など幅広く論じた。）の『中年クライシス』（朝日新聞社、一九九六年）を最近読んで、いろいろ考えさせられたことがあります。かつての日本では「人生五十年」であり、苦労してひと山越えたら、そのまま死に向かっていきました。しかし今は、「人生八十年」時代です。いろいろあってひと山越えて、少しくたびれた身体を抱えて、さらにもうひと山越えなければなりません。そのもうひと山にさしかかる時、急にやる気をなくしたり、思いがけない大失敗をしてしまったりの危機があるものです。そんな事態への対処法を、河合氏はいろいろなアプローチで説いています。これは自分の問題だと、確かに自分も危ないと気づかされたのです。

（【ユング】スイスの精神科医、心理学者。人間の無意識の深層分析に取り組んだ。）

◎仕事も会社も不変ではない

これまで自分の持っていた体力はもうないし、深夜二時、三時まで机に向かっていると翌日の仕事に差し障りが出てしまいます。無理のきかなくなった身体に合った仕事のやり方というものを、そろそろ考える時期がきているようです。いずれは、社会的に責任を果たす力もなくなる時がくるでしょう。その時、自分はどうやって生きていくのだろうかと思うことも多くなりました。仕事ばかりを見ていたら、仕事に取り組む自分の生活がいつまでも変わらずに続くかのように思っていたら、最後は家族にとんでもない迷惑をかけることになるかもしれません。

「空じる」という表現が許されるなら、仕事を空じていかなければならないのだと思います。「仕事を空じる」とは、仕事に囚《とら》われないで働くということです。もちろん今までと変わらずに働くのですが、いつかはそこから離れるのだし、働くこともできなくなる日がくることを意識しながら働くのです。仕事からはどこか距離を置きながら働くのは、実際には難しいことです。しかしそれが、「仕事を空じる」ことにつながるのです。つまり、仕事も仕事をする自分も不変ではないと思っていれば、たとえ定年退職しても落ち込むことはないでしょう。それどころか、これまでの生活に執着することなく、新しい生活に足を踏み出すこともできるのです。

自分たちの健康も体力もさまざまな状況も移り変わっていくことに、妻は目を向けています。変わりゆく現実を受け入れて、家族で何とか乗り切っていこうとしている妻は、すでに〈空〉を体得しているのかもしれません。仕事人間で、自分の仕事だけを確かなものと見て生きている私も、迷妄《めいもう》の中にいるのかもしれません。自重自戒あるのみです。

空を「不生不滅」と表現したことについて、ここでは自分の仕事を例として考えてみました。何かをこの世に生み出していく仕事人間にとって、何かが生まれるのでも、滅するのでもないのだという提言は、なかなか受けとめ難《がた》いものがあります。ただし、このままでは、「自分は何のために、毎日あくせくしているのだ」ということにもなりかねません。もちろん私もあなたも、何かを確かに生み出し、新しい人との関わりを作っているはずです。しかしそれは、決して完全なものではないし、一度やれば再びやり直す必要のないようなものでもありません。欠けている所もあるし、時間が経たてばやり直さなければならないものばかりだと考えましょう。それが仕事というものだという心構えを持ってください。それが、「不生不滅」の仕事をしていくということなのです。

不垢不浄（人間の感覚である清濁や美醜の判断などに、意味はない）

『不垢不浄』とは、生まれながらに汚れているとか、また逆に生まれながらに清浄であることを意味しないと、般若心経は言います。階級的偏見の否定だと言えることばですが、これは**カースト制度**（インドの民族宗教であるヒンドゥー教を背景とした、閉鎖的な社会単位によって構成される社会制度。カーストはポルトガル語で家柄や血統を意味し、サンスクリット語では生まれを意味するジャーティと言う。カーストごとに結婚、職業、交際まで規則や慣習があり、それを守るか否かに個人の禍福はかかっていると考えられて、今日に至っている。現在、二〇〇〇から三〇〇〇のカーストがあると言われる。）が社会に深く根を下ろしたインドでは、とりわけ重い意味を持ってきます。仏教は紀元前六〜五世紀のインドに、それまでの因習や固定観念に囚われない新しい自由思想を展開した宗教です。

それなら今、カースト制度に対してひとことあってもいいはずです。『不垢不浄』と言ってこそ、実質的に〈空〉を唱えることになるのですから。しかし、現在のインドでは民族宗教としてのヒンドゥー教が圧倒的多数を占め、仏教徒となるとキリスト教徒よりも少ないという有様です。カースト制度もなかなかなくなりません。**アショーカ王**（マウリヤ王朝第三代の王で、治世は紀元前二六八〜二三二年。古代インドの統一国家の偉業を成しとげたが、征服戦争の悲惨さに心痛めて仏教に帰依し、その後は仏教の真理によって国を治めようとした。不殺生や自制など政治理念を刻んだアショーカ王碑文を各地に建てたが、今日も四十種が残り、資料的価値が高い。）や**カニシカ王**（紀元二世紀ごろ、イラン系のクシャーナ王朝第三代の王で、北インドから中央アジアの広大な地域を治めた。イラン、インド、ギリシア・ローマの宗教と文化が交流する中、仏教を保護して栄えさせる。）が仏教徒として国を治めたのは、昔日《せきじつ》の幻のごとくになってしまったようです。

現代インドの数少ない仏教徒政治家には、際立《きわだ》った特徴があります。それはカースト制度を否定することとです。現在も二〇〇〇から三〇〇〇のカーストがあり、カーストごとに結婚や職業選択、他のカーストとの階層的関係や交際の仕方などが規定されているのが、インドの現実です。

カーストの基本は、四姓と呼ばれる四つの階級です。ヒンドゥー教では祭司であるバラモンに祭式を執行してもらうことによって、人生の禍福《かふく》は決まると考えてきました。祭式万能主義と言われるこの社会では、バラモンが最も高い地位を占めます。その次には、クシャトリヤと呼ばれる王侯の階級で、ゴータマ・ブッダはこの階級の生まれです。その次にくるのが、庶民であるバイシャ。そして、シュードラと呼ばれる隷民がその下にきます。

ヒンドゥー教では現在の生活が過去の業《ごう》の結果だと考えますので、その階級に生まれたことを受容してしまうのです。いや、そのような仕組みになっているのであり、支配者にとっては非常に「有益」な教えと言えるでしょう。

このような階級的偏見を否定して、仏教は四姓平等を唱《とな》えます。それが般若心経にも、「不垢不浄」という文句で謳《うた》われているのです。しかし、この仏教の主張は今日のインドでは、残念ながら少数意見にすぎないようです。

差別を行なう社会制度や偏見を払拭《ふっしょく》できないでいるのは、別にインドだけではありません。昨今のヨーロッパでの暴動の背景として、低所得で差別を受けてきた移民子弟の不満が鬱積《うっせき》していることが指摘されています。ロンドンやパリが第三世界からの移民を抱えた他民族社会になっているわけですが、そこには人種や宗教を異《こと》にする移民への差別といった、新しい社会のひずみも生まれているようです。

◎貧しいのは「自業自得」ではない

大阪市西成区の釜ケ崎《かまがさき》で伝道する、野上綾男《のがみあやお》という牧師がいます。日本最大の日雇労働者の町は、行政上の地名でなくなった今も、「釜ケ崎」と呼ばれ、わずか〇・六二平方キロメートルの狭い地域に推定四万人近い人々が生活しています。一九七〇年の大阪万博の工事のため全国から集められ、そのまま大阪に残った日雇労働者が住人の中心であり、今や平均年齢は六十歳になろうとしています。野上牧師は一九九一年に路傍《ろぼう》伝道から始め、アパートの部屋を借りて集会を行ない、現在は「釜ケ崎」内に初めてできた教会堂を持つ西成めぐみ教会の牧師をしています。野上牧師の働きを支援する輪が次第に広がってはいますが、週日は生活費を稼ぐために働き、土曜と日曜に牧師としての働きをされているのです。

私は大阪市東成区で生まれ、岸和田市に引っ越してからは高架を走る南海電車から、新今宮駅そばの「釜ケ崎」を数え切れないほど見下ろしてきました。しかし、一度もそこに足を踏み入れたことはありません。警官でさえ、一人では歩けない町だと聞いていたからです。西成めぐみ教会を訪ねて初めてこの地を歩いた時、私は刑事に間違われてしまいました。道のあちこちに立っている人がすばやく動いて、何店もの店の入り口が閉じられたのです。あとで、西成めぐみ教会のみなさんにそのことを話すと、大爆笑となりました。私がそんな人相、風体《ふうてい》であったということなのでしょう。

道一本隔てれば、大都市大阪の過密だが便利な生活が存在するのに、ここだけが忘れ去られ、切り取られた空間であるかのようです。現在はリストラによる失業、借金苦、家庭崩壊などさまざまな理由で居場所を失った人々が集まってきています。とび職のいでたちで昼間から路上に車座になってコップ酒をあおっている人たちは、すっかりここでの生活に慣れているようで屈託《くったく》がありませんでした。

西成めぐみ教会でも、日曜日の朝は他の教会と同じように礼拝を行なっており、六十人ほどの人が集《つど》います。信仰を告白し、洗礼を受けた人が教会員となり、役員会を組織しています。教会では毎週土曜日、「四角公園」で行なわれているヴォランティアの炊き出しに参加して、おにぎりなどを配る活動などを行なっています。伝道は伝道として行ない、社会奉仕はそれとして行なっていて、教会の集会に来てくれた人だけに、食物を配るというようなことはしません。

それが、この教会のポリシーなのです。私たちの教会からもバナナを仕入れて炊き出しに参加するのですが、配られる雑炊《ぞうすい》にはほとんど米粒が見られませんでした。ここで、「住所」を持たずに路上生活を余儀なくされている人には、投票通知は送られてきません。したがって選挙権を失うことになり、政治に訴えることもできず、ヴォランティア活動こそが頼りになります。しかしヴォランティアだけでは、限界があるのも事実のようです。

カトリック・フランシスコ会の本田哲朗《ほんだてつろう》神父は、釜ケ崎に住んでご自身の**イザヤ書**研究（旧約聖書にある預言書の一つで、預言者イザヤによって書かれた。危機の時代に警告を発すると同時に、メシア（救い主）の誕生の希望を力強く語っており、「旧約の福音書」とも言われる。）を深めている異色の人です。「本田神父が来られてから、行政と直接関わって支援を求めていく動きが起こってきた」と、野上牧師からうかがいました。

他にも子どものための施設や憩《いこ》いの家などのキリスト教団体による活動が行なわれています。その中で、この場所に教会堂を建てて、他の町と同じようにキリスト教会を形成し、ここで人に仕える奉仕を共にしていきたいというのが、西成めぐみ教会の目指すところです。

炊き出しに並ぶ人々にバナナを渡す時、「どうぞ」ではなく、「こんにちは」と声をかけてください、と野上牧師からアドバイスされました。教会の集会で野上牧師は終始、冗談を飛ばして集う人々を笑わせながら、聖書のことばを語ります。楽しそうに笑う人々はみな、何らかの理由で仕事や家庭を失って、「釜ケ崎」にやって来たのです。野上牧師は「○○さん」「□□さん」と一人ひとりの名前を大切に呼びつつ、苦しい生活の中にある人たちを励まします。

「自業自得《じごうじとく》じゃないですよ。そう思わないでください」

野上牧師から聞いた仏教用語が、棘《とげ》のように私の心に残りました。そうやって責めるだけの人が多いからでしょう。そんなことばなど、何の励ましにもなりません。その人のせいばかりではなく、

「弱い人を差別する社会全体の問題なのだ」ということを、野上牧師は言いたかったのでしょう。

私が驚いたのは釜ヶ崎に住み、教会に顔を出す人たちの目が、一様に優しいことでした。人をだましたり、自分をごまかしたりして生き抜く強さを持ち合わせていない人がやってくるのです。

さらに、宗教的にいうならばと断って、野上牧師は次のように言われました。

「罪の世であるかぎり、一般社会から差別されるこのような場所はなくならないと思います」

厳しい見方ですが、聖書から見るなら確かにそうだと思いました。だから野上牧師は、「まずここでこそ、キリストのことばを伝えたい。同時に、ここに住む人々のために自分たちにできる奉仕をしたい。そして、ここで人々と痛みを共にしたい。ユートピアを思い描いて、社会運動に奔走するのではない。魂の糧《かて》を分かち合うために聖書のことばを伝える。炊き出しに並ぶ人々のために、自分たちが捧《ささ》げた献金から米を買って、栄養のある塩昆布を入れたおにぎりを握って配る。いくらやっても変わらない現実を前にして、焼け石に水だとくさったりしない。心に希望を抱いて、厳しい現実にじっくりと取り組む」という姿勢こそ、「不垢不浄」に通じるものだと思います。

あの人たちは汚れているとか、この人たちは特別に清い人たちであるとか、そんなことは無いのだということです。

不増不滅（所有物にこだわらない）

「不生不滅」「不垢不浄」と続いて、最後が「不増不滅」です。すべてのものが空であるとは、物が増えもせず減りもしないということです。これは持ち物に囚《とら》われない、所有物に執着しないことを唱えたゴータマの教えに直結します。この世界を空と見るならば、自分の持ち物が増えたとか減ったとかいうことはなくなります。しかし、そんな囚われのない生活をするのは、現実には難しいことです。目に見える世界には、所得の格差が歴然とあるからです。普通の人が一生かかっても持てないお金や物を、いくらも所有している人がいるのが現実です。

私は高度経済成長の始まった一九五五（昭和三〇）年に生まれ、ほぼ中流意識を共有する空気の中で育ってきました。たとえ受験戦争などと非難されても、努力して一流大学に進めば、誰でも一流企業に就職することができるのです。競争させてもらえるなら、ある意味で平等な社会ではありません。しかし昨今は、「下流社会」という新造語が生まれるほど、社会的な格差が目立つようになってきました。「勝ち組」と「負け組」に二極化する社会の到来が語られています。将来にまったく希望を持てず、漫然と今を過ごす若者が増えてもいます。さぼっているのではなく、がんばってもどうにもならないのが本当のところなのでしょう。

しかし一人ひとりが、ゼロから自分の人生を築いていかなければなりません。みな、試行錯誤を繰り返すしかないのです。子どもたちにもゼロから、つまり〈空〉（サンスクリット語でシューンヤーはゼロであり、空を意味した）の中を生きていってもらうしかない。親が子どもたちに、人生の下駄をはかせてやるわけにはいきません。それが「不増不減」を弁《わきま》えるということでしょう。

◎般若心経と正反対である、説一切有部の立場

◎――唐三蔵法師玄奘訳「般若波羅蜜多心経」

是《ぜ》故《こ》空《くう》中《ちゅう》　無《む》色《しき》無《む》受《じゅ》想《そう》行《ぎょう》識《しき》

●玄奘訳読み下し

この故に空中には、色も無く、受も想も行も識も無い。

●現代語試訳

それゆえに、空なるものにおいては形あるものは無いし、感化作用も、表象作用も、意志作用も、認識作用も無い。

般若心経は、五蘊《ごうん》すなわち人間なるものは空であると語ります。「色即是空　空即是色」の色《しき》に続く受《じゅ》・想《そう》・行《ぎょう》・識《しき》もまた同じで、〈空〉であると語っています。そして、この〈空〉という立場において、物は生ずることも滅することもなく、汚れているのでも清らかであるのでもなく、増えたりも減ったりもしないのだと説きます。続いて、このゆえに〈空〉においては、五蘊つまり色・受・想・行・識は無いと宣言するに至ります。

これまで何度も触れてきましたが、五蘊とは仏教における伝統的な人間の見方であり、仏教の教えの基礎をなすものです。それを無いというのですから、実に激しい表現です。般若心経はこのあとも、ゴータマの起こした仏教における聖なる真理とされたものを次々に否定していくのです。あれも無いのだ、これも無いのだ、と。この否定の激しさが般若心経の特徴だとも言えます。

「**無教会主義**」（内村鑑三が唱えた信仰のあり方であって、キリスト教を否定するものではない。しかし、教会という「権威」から自由な形で、信仰生活を送ろうという考え方だ。無教会主義を信じる人たちは教会に集うことはないが、独自の集まりは持つ。中には、教会に属しながら、無教会主義の信者もいる。）を唱えた**内村鑑三**（一八六一～一九三〇年。高崎藩士の長男として江戸に生まれる。札幌農学校に入学し、「少年よ、キリストにあって大志を抱け」のことばで有名なクラーク博士の感化を受けた上級生に導かれ、キリスト教徒となる。アメリカに留学して帰国、東洋英和学校などで教鞭を取る。教育勅語《ちょくご》をめぐり天皇に対する不敬を非難されて職を失うが、その後は新聞記者、執筆・講演活動などを活発に行ない、無教会主義を提唱した。）も、激しい否定を前面に出した運動を起こした人でした。内村自身が妥協のない人で、よく人とぶつかったことが知られています。その激しさが、「無教会」という看板に表れています。しかし、これは本当の教会を作りたいという熱意の逆説的な表現でもありました。西洋の宣教師から物心ともに援助を受けて立つ教会は、教会ではない。貧しくとも、未熟であっても自分たちで自立する教会を生み出したい。近代日本の独立心と気概に満ちた人の真摯《しんし》な運動でした。否定しながら、本当のものの実現を求めていたのです。

私は「無教会」という逆説的な表現が、般若心経の「無色無受想行識……」と続く一連の否定表現と軌を一《いつ》にするのではないかと思うのです。般若心経には、これも無い・あれも無いといった言葉が続きますが、その真意は本当の物を求める激しい宗教心であると理解したいと思います。宗教とは、この世において絶対的なものを求める営《いとな》みです。逆に、現世を否定する気概を持たなければ宗教とは言えないでしょう。

宗教であるなら、どのようにこの現実を否定して、本当の真理を見せてくれるのかが問われるのです。だから、静謐《せいひつ》に見える宗教の世界では常に激しい論争があり、対立や争乱が意外に多いのが現実です。それは宗教というものの性質が、おのずからそうさせるのではないか、と私は思っています。

仏教の諸学派の中でも、とりわけ空を主張した学僧たちは激烈な戦いに投げ込まれ、寧日《ねいじつ》のない日々を送ったと言われています。彼らは論敵を刺激せずにはおかないような、激しい否定表現を連発しました。たとえば般若心経の文句です。彼らが論敵としたのは、その当時最大の学派であった説一切有部《せついっさいうぶ》でした。当時のインド仏教主流派の説一切有部に抗して、大乗仏教の先駆けたちが目指したのは、ゴータマが無我と表現した教えへの原点回帰だったのです。

◎無常を知れば、無我を知る

古代インド哲学では、「我」は普遍的な実体としての自己を意味しました。ゴータマは感覚器官でとらえられる現象世界のどこを見ても、不変で常住の実体としての自己（我）は存在しないと論じました。すなわち、「無我《むが》」です。無常を説き、無我を論じたゴータマの思想を、大乗仏教運動は〈空〉という用語でとらえ直したのです。

仏教史を振り返ると、ゴータマの死後一〇〇年、仏教教団は大きく二つに分裂します。保守的な上座部と進歩的な大衆部《だいしゅぶ》への分裂であり、これを根本分裂と呼びます。この分裂までを原始仏教の時代とし、それ以後を部派仏教の時代と分類します。東南アジアのスリランカ、タイ、ミャンマー、カンボジアなどの仏教は、この上座部の流れを今日に伝えています。唯一ベトナムだけが中国から仏教が入ったため、例外的に大乗仏教が伝えられています。したがって、ほとんどの東南アジア仏教国では、般若心経という経典は存在さえ問題にされていないのです。

大きく二分した部派は最終的に二十くらいの部派に細分されていきますが、その中で最も強力だったのが説一切有部でした。この部派の主張は文字通り、一切は有ると説くことに尽きます。説一切有部はこう言います。

「現象世界は移り変わっていくが、その背後に不変の実体が存在する」

その主張は「法体恒有《ほったいごうう》」と表現されました。物（法）の本体は恒常的に有るということです。

私の恩師である梶山雄一先生は授業の中で、説一切有部《せついっさいうぶ》（Sarvāstivādin）の立場をよく映写機の比喩《ひゆ》で説明しました。フィルムを巻いたリールが回って、映写機がスクリーンに映像を映し出す光景を想像してください。スクリーンに映された映像を、現在の現象的世界と見ます。それは絶えず動いており、常に無常です。しかし、これから写されるフィルムには未来が収められていて、巻き取られたフィルムには過去が蓄積されていくと見ます。そのフィルムには「法体」と呼ばれる不変の実体が存在していて、映写機が回っても常に不変です。すなわち、映し出される映像のように現象世界は無常ですが、映写フィルムのように時間の推移を超えて不変な実体は存在します。すなわち、法体恒有だというのです。これは一度聞くと忘れられない印象を残す話でしたが、この比喩は説一切有部研究の専門家である大谷大学の桜部建氏の発案であると言います。

説一切有部は、過去、現在、未来のありようは様態の変化にすぎず、実体としての法は変わらないと主張します。これは本来、仏教が否定してきたことです。物が実体として存在するという主張を、巧妙に取り入れています。物の実体を認めるインドの哲学的思潮がそれだけ有力でもあったのですが、そのまま認めるわけにもいかず、苦肉の策として法体は恒常的に有るが、現象としては無常であるとしたのではないでしょうか。

しかし、これでは仏教の本来のしなやかな考え方を放棄することになってしまいます。このような説一切有部の実質的な実体論を真っ向から否定する形で、〈空〉は唱えられていったのです。

十二処・十八界（人は人として有るのでない）

◎——唐三蔵法師玄奘訳「般若波羅蜜多心経」

無《む》眼《げん》耳《に》鼻《び》舌《ぜつ》身《しん》意《い》　無《む》色《しき》声《しょう》香《こう》味《み》触《そく》法《ほう》　無《む》眼《げん》界《かい》乃《ない》至《し》無《む》意《い》識《しき》界《かい》

● 玄奘訳読み下し

眼も耳も鼻も舌も身も意も無く、色も声も香も味も触も法も無し。眼界も無く、乃至、意識界も無し。

●現代語試訳

眼も、耳も、鼻も、舌も、身体も、心も無く、形も、声も、香も、味も、触れられる対象も、心の対象も無い。眼による認識の領域から、心による認識の領域に至るまで、すべて無い。

空の立場においては、色・受・想・行・識の五蘊は無いと語られていました。五蘊は人間を、さらには世界を意味していましたが、別の角度からこの世界をとらえるもう一つのカテゴリー（分野、種類）があります。眼という感覚器官が、色（かたち）という対象を捉《とら》え、眼識という認識が成立します。このように「根」と呼ぶ感覚器官が、「境」と呼ぶ対象に接して、「識」と呼ぶ認識を成立させると考えるのです。このような分類がインド仏教の形成過程でよく行なわれます。インド人の好むところなのでしょうが、時に重複分類が見られることもあります。表にしたほうが分かりやすいので、第一章で掲載した表を、次頁に掲載します。

一列が六つずつあって、「根」と「境」の二列を合わせて「十二処《じゅうにしょ》」と呼びます。さらに、「識」の列も加えた三列で「十八界《じゅうはっかい》」と呼びます。眼が色を、耳が声を、鼻が香を、舌が味を対象とする

人間の頭脳の根源は、ここにあり

十八界《じゅうはっかい》	十二処《じゅうにしょ》	六根《ろっこん》	眼	耳	鼻
			舌	身	意
		六境《ろっきょう》	色	声	香
			味	触	法
		六識《ろくしき》	眼識	耳識	鼻識
			舌識	身識	意識

のはよく分かります。身体が対象とするのは触感ということでしょう。意は心ですから、その対象の法（物）は考えられるものとなります。考えられるものであれば、感覚器官でとらえることのできないものも、たとえば涅槃《ねはん》（一切の迷いから脱した境地）なども入ってくることになります。したがって、十二処・十八界と呼ばれるこの分類ができた時には、すでに説一切有部が主張した「法体恒有」という考え方の萌芽《ほうが》が見られるのです。事実、説一切有部はこの分類を基盤にして、さらに精緻な分析を進めていくことになります。

この十二処・十八界というカテゴリー分析は本来、これらのどこを見ても「我（アートマン）」と呼ぶような不変的な実体は存在しないことを証明するためのものでした。人間を、固定した実体として捉える

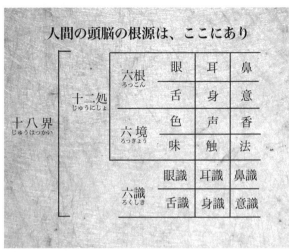

ということを否定しようとしているのです。

キリスト教においても、神のありようは固定した実体としてとらえられてはいません。その神に似せて造られた人間もまたそうです。いまだ日本語としてはこなれない「人格」という用語も、神と人との交わりの中に、一人の人間として生きていくダイナミックな人間存在を表しています。

戦後すぐフランスに渡って、キリスト教と日本というテーマを考え続けた哲学者・**森有正**《もりありまさ》（一九一一〜一九七六年。哲学者、仏文学者。明治政府の初代文部大臣であった森有礼の孫。東京大学助教授として一九五〇年にフランスに留学し、そのままフランスにとどまり、パリで客死。珠玉のエッセイは、『森有正エッセー集成』全五巻（ちくま学芸文庫、一九九九年）に収められている。）は、「経験」について語り続けました。

目の前に起こりくる課題から逃げないで取り組むなら、ひとりの人間の生涯は変わり続け、深まり続けていく。その人にしか成しえない生涯の奥行きを、「経験」ということばで、森有正は語りました。農夫は農夫として、エンジニアはエンジニアとして、自分だけの「経験」を生き抜かなければならない。人間は決して固定した存在ではなく、人との出会いや境遇の変化に立ち向かう中で変わりゆくというのです。「経験」の深まりとともに、その人格は成熟を見せていくのです。

そんな森有正の語りに私も魅かれてきたのですが、人間というものを固定した実体としてとらえるのは間違っていると考える点は、般若心経の人間観にきわめて近いものがあります。仏教とキリスト教の人間観は際立《きわだ》った相違を見せてはいますが、人間の固定化を拒絶する点では、みごとに一致すると言っていいでしょう。

私たちは安易に、「あの人はこんな人だ」と決め付けてはいけません。どんな人であったかは、まさに棺桶《かんおけ》の蓋が閉じられるまでは本当のことは分からないし、それがまた生きるということの怖さであり、すばらしさでもあるからです。

ゴータマ・ブッダのことば―4

自分を制する人が、本当の教師だ

「他人に教えるとおりに、自分でも行なえ……。自分をよくととのえた人こそ、他人をととのえるであろう。自己は実に制し難い。」

（『ブッダの真理のことば』第十二章　自己　一五九）

教壇に立って、後進の人たちをどのように導こうかと腐心するようになって、教えるということの難しさを痛感させられています。掘り下げてみれば、真理は常にシンプルなものでしょう。本当に難しいのは、シンプルにその真理に生きうるかということになります。教えながら自分はできていない自己矛盾にも、時に耐えなければなりません。

「私は自分のからだを打ちたたいて従わせます。それは、私がほかの人に宣《の》べ伝えておきながら、自分自身が失格者になるようなことのないためです。」

（コリント人への手紙第一　9章27節）

こう言ったのは使徒パウロですが、この人は教師となることの難しさを十分に知って、そこに生き抜いた人だったのだと思うようになりました。

「人を教える教師にだけはなるな」と諭《さと》す人は、人間として賢明なのです。しかし、あえてその難しい道を選び取りたいとも思うのです。学ぼうとする人を教えるということは、それだけにまたすばらしい職務だからです。

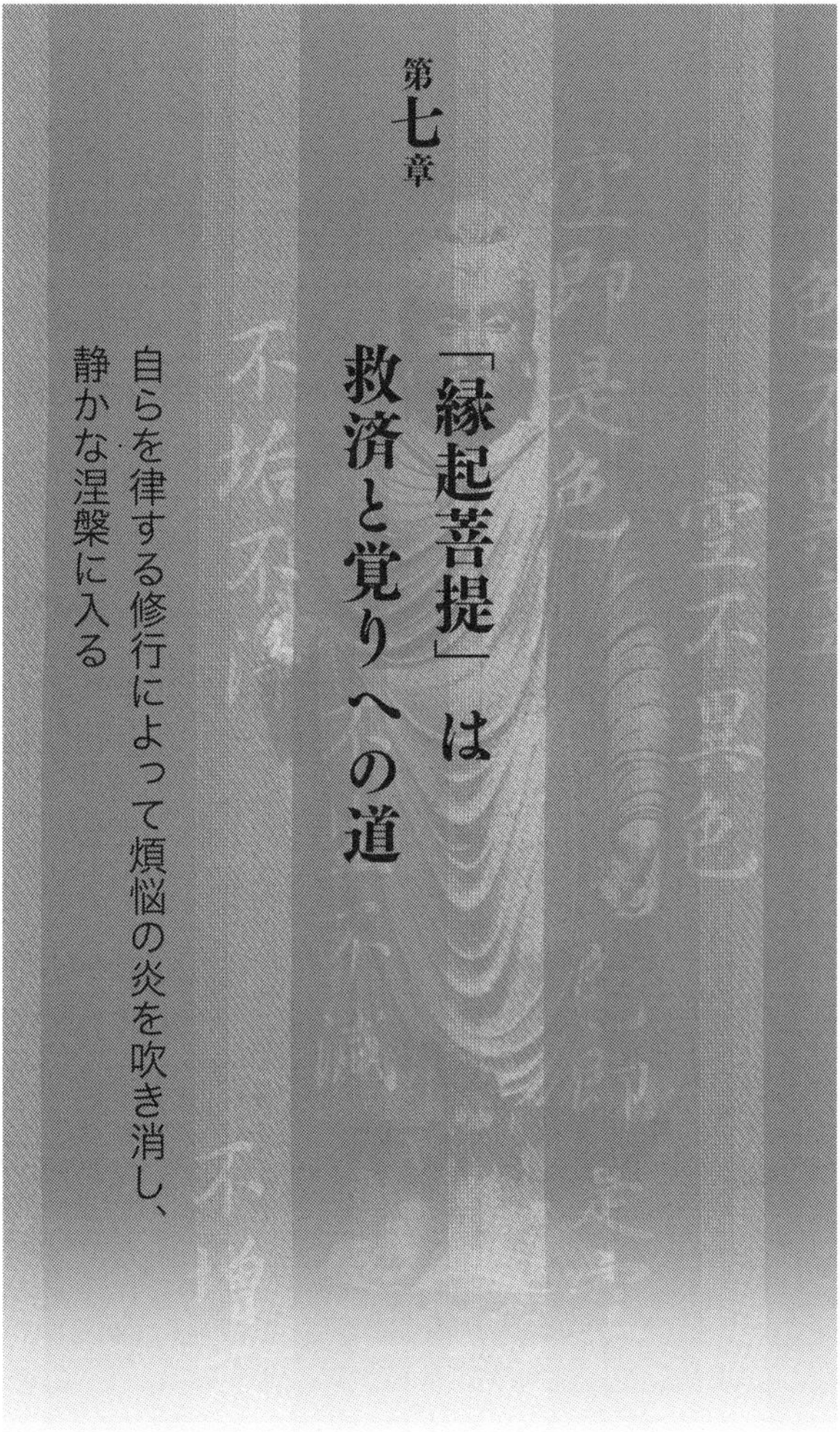

第七章

「縁起菩提」は救済と覚りへの道

自らを律する修行によって煩悩の炎を吹き消し、
静かな涅槃に入る

般若波羅蜜多心経　唐三蔵法師玄奘訳

観自在菩薩　行深般若波羅蜜多時　照見五蘊皆空　度一切苦厄
舎利子　色不異空　空不異色　色即是空　空即是色　受想行識　亦復如是
舎利子　是諸法空相　不生不滅　不垢不浄　不増不減　是故空中
無色無受想行識　無眼耳鼻舌身意　無色声香味触法　無眼界乃至無意識界

第七章で解説する経文◎

無無明亦無無明盡　乃至無老死　亦無老死盡　無苦集滅道　無智亦無得
以無所得故　菩提薩埵　依般若波羅蜜多故　心無罣礙　無罣礙故　無有恐怖
遠離一切転倒夢想　究竟涅槃
三世諸佛　依般若波羅蜜多故　得阿耨多羅三藐三菩提

故知般若波羅蜜多　是大神呪　是大明呪　是無上呪
是無等等呪　能除一切苦　真実不虚故　説般若波羅蜜多呪　即説呪曰
掲帝掲帝　般羅掲帝　般羅僧掲帝　菩提僧莎訶　般若波羅蜜多心経

人生の苦しみの原因十二支縁起を、四諦説で克服する

◎——唐三蔵法師玄奘訳「般若波羅蜜多心経」

無《む》無《む》明《みょう》　亦《やく》無《む》無《む》明《みょう》盡《じん》　乃《ない》至《し》無《む》老《ろう》死《し》　亦《やく》無《む》老《ろう》死《し》盡《じん》
無《む》苦《く》集《しゅう》滅《めつ》道《どう》　無《む》智《ち》亦《やく》無《む》得《とく》
以《い》無《む》所《しょ》得《とく》故《こ》　菩《ぼ》提《だい》薩《さっ》埵《た》　依《え》般《はん》若《にゃ》波《は》羅《ら》蜜《み》多《た》故《こ》
心《しん》無《む》罣《けい》礙《げ》　無《む》罣《けい》礙《げ》故《こ》　無《む》有《う》恐《く》怖《ふ》

遠離《おんり》一切《いっさい》転倒《てんどう》夢想《むそう》　究竟《くきょう》涅槃《ねはん》　三世《さんぜ》諸佛《しょぶつ》
依《え》般若《はんにゃ》波羅蜜多《はらみた》故《こ》　得《とく》阿耨多羅《あのくたら》三藐《さんみゃく》三菩提《さんぼだい》

●玄奘訳読み下し

無明も無く、また、無明の盡くることも無し。乃至、老死も無く、また、老死の盡くることも無し。

苦も集も滅も道も無く、智も無く、また、得も無し。得る所無きを以《もっ》ての故《ゆえ》に、菩提薩埵は、般若波羅蜜多に依《よ》るが故に、心に罣擬無し。罣擬無きが故に、恐怖有ること無く、一切の転倒夢想を遠離して、涅槃を究竟す。三世諸佛も般若波羅蜜多に依るが故に、阿耨多羅三藐三菩提を得たり。

●現代語試訳

迷いも無く、迷いが尽きることも無い。そのことに始まり、老死の苦しみまでも無く、老死の苦しみが尽きることまでも無い。苦しみとその原因、苦しみを滅することと、そのための道も無い。知ることも、得ることも無い。心が囚われていないから、菩薩は智慧《ちえ》の完成なる行《ぎょう》に依って、心に妨げが無い。心に妨げが無いゆえに、恐れが無く、すべての誤った考えから離れて涅槃の安らぎに達している。

過去・現在・未来の仏たちは、智慧の完成なる行に依って、これ以上ない完全な覚りを得た。

◎人間の苦しみのすべては、生きていることにあり

◎——唐三蔵法師玄奘訳「般若波羅蜜多心経」

無《む》無《む》明《みょう》亦《やく》無《む》無《む》明《みょう》盡《じん》　乃《ない》至《し》無《む》老《ろう》死《し》　亦《やく》無《む》老《ろう》死《し》盡《じん》

●玄奘訳読み下し

無明も無く、また、無明の盡くることも無し。乃至、老死も無く、また、老死の盡くることもなし。

●現代語試訳

迷いも無く、迷いが尽きることも無い。そのことに始まり、老死の苦しみまでも無く、老死の苦しみが尽きることまでも無い。

第六章では、「五蘊《ごうん》」も無し、「十二処・十八界」も無しと、般若心経の〈空〉を説明しました。般若心経はさらに、仏教の中核の教えである「縁起説《えんぎ》」や「四諦説《したい》」もないのだと、たたみかけてきます。ただし、冒頭のことばを見ていただければ一目瞭然ですが、否定に否定を重ねてきた般若心経が一転して、まっすぐな肯定に転じ、涅槃や覚りへの到達を語るに至ります。

では、このことばの中のどこに、縁起説が出てくるのか、と思われるかもしれません。第五章でも紹介しましたが、縁起説は左表のように、十二支縁起に定型化されていきます。十二支縁起の最初が「無明」で、最後が「老死」です。冒頭のことばでは、「無明」の尽きることも、「老死」の尽きることもないと、ほかの縁起をすべて省略しています。

ここでも般若心経の〈空〉によって、十二支縁起という教えも固定的なものではないとするのですが、それを再度否定することによって、縁起説という教えを肯定するのです。

私たちはよく、「縁起がいい」「縁起でもない」「縁起をかつぐ」などということばを遣《つか》います。仏教用語が日常用語になった例は少なくありませんが、「縁起」はその中でも代表的なものでしょう。

五蘊は人間そのもの

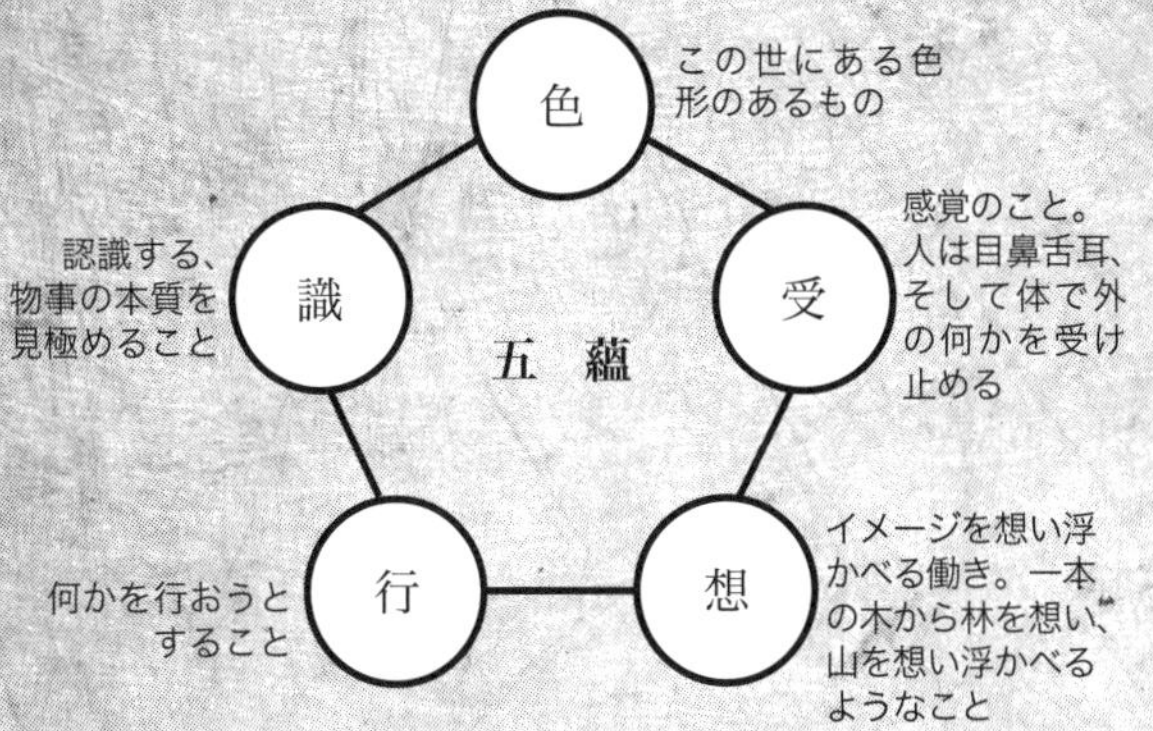
色
この世にある色
形のあるもの
受
感覚のこと。
人は目鼻舌耳、
そして体で外
の何かを受け
止める
想
イメージを想い浮
かべる働き。一本
の木から林を想い、
山を想い浮かべる
ようなこと
行
何かを行おうと
すること
識
認識する、
物事の本質を
見極めること
五　蘊

五蘊が縁起を生む

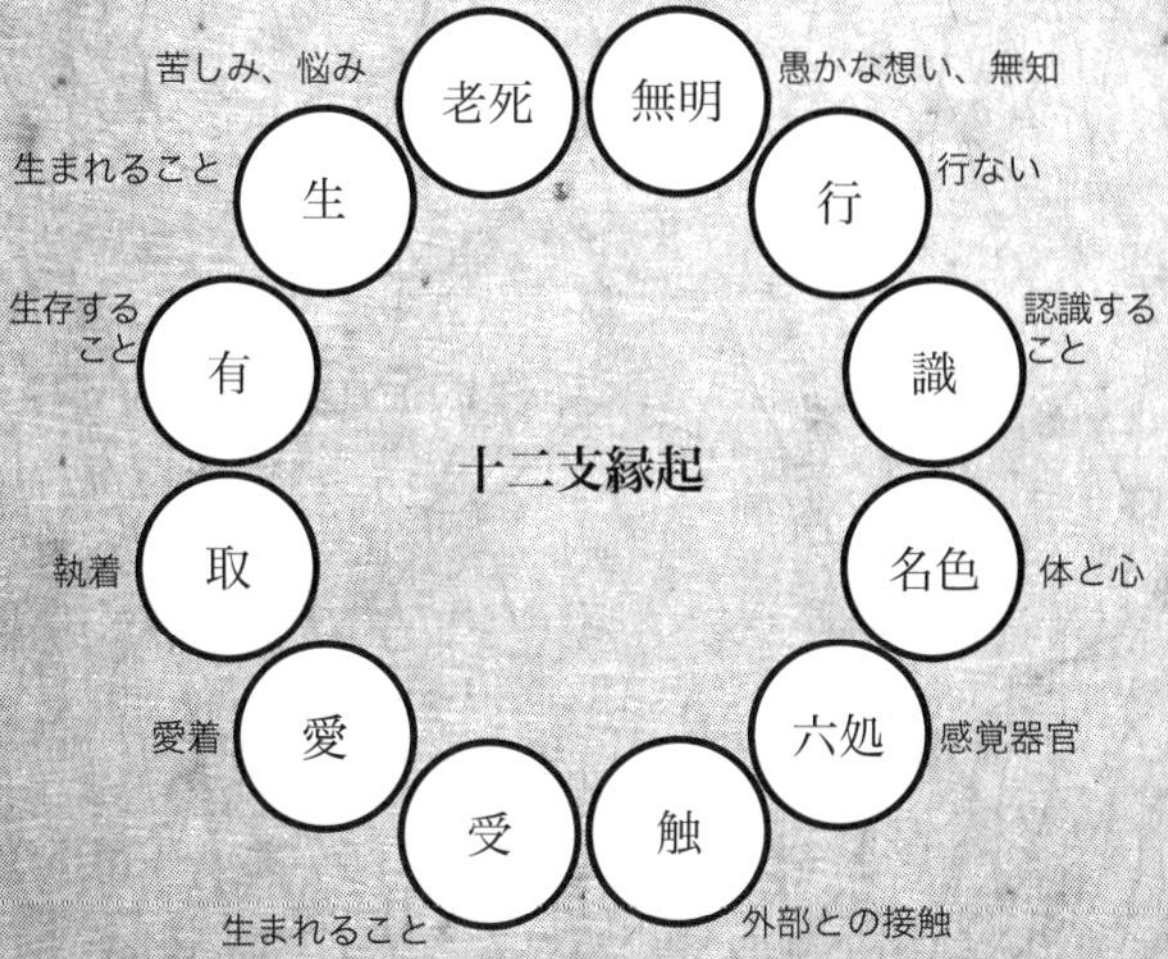
無明
愚かな想い、無知
行
行ない
識
認識する
こと
名色
体と心
六処
感覚器官
触
外部との接触
受
生まれること
愛
愛着
取
執着
有
生存する
こと
生
生まれること
老死
苦しみ、悩み
十二支縁起

すべてのもの（五蘊）が縁起を生むが、そのすべてもまた〈空〉である。なぜなら、何ひとつとして不変のものはないからだ。

吉兆の前兆といった意味で使われていますが、仏教用語としての縁起は文字通り、「縁あって起きること」を示します。人間が生まれることも含めて、人間社会のすべてのことは、何か原因があってはじめて起きるものであり、ひとりで勝手に起きるものではありません。すべてはそれぞれが関係し合って起きるということです。この原理を仏教では、「縁起」と言い表すのです。

ロシアの仏教学者テオドル・シチェルバツキーは、縁起のことを「相対性原理」と表現しましたが、言い得て妙で、なかなか味わい深いものがあります。この世界は相対的なものであり、絶対的な存在はあり得ないというのが、仏教の立場です。これは、科学的な物の見方と相通じるものがあります。西欧の科学者が仏教に興味を持つのも、当然と言えるかもしれません。

これから、仏教本来の意味での「縁起」が定型化した十二支縁起について、説明していきましょう。これには、ちょっと恥ずかしいエピソードがあります。

私が東京基督教大学で、講義を始めたころのことです。この十二支縁起について板書しながら説明しているうちに、どうしても辻褄《つじつま》が合わなくなってしまったのです。これはもう冷や汗もので、教壇で立ち往生したことは忘れられません。

しかし実は、十二支縁起には二つの分類が重複する形で入っているので、首尾一貫した説明ができなくて当然なのです。

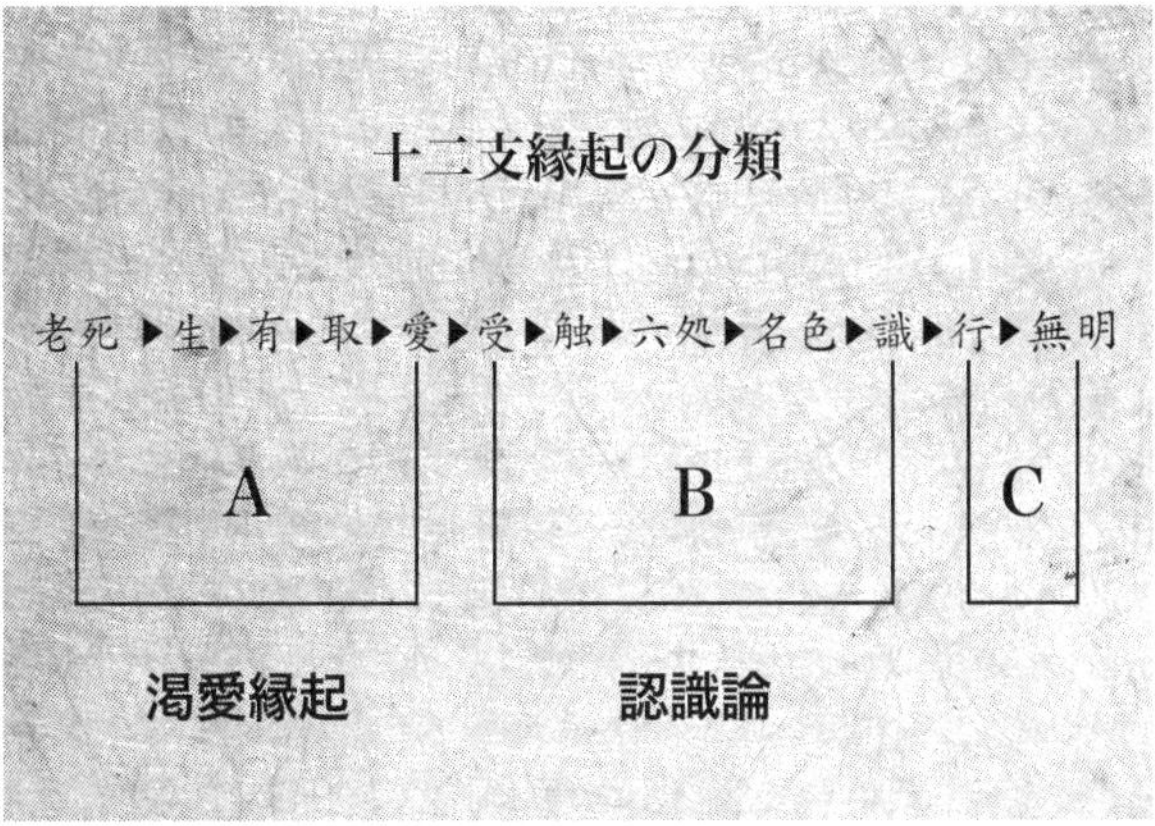

十二支縁起は上表のように、三部に分けることができます。

Aの五支である「老死―生―有―取―愛」は「渇愛《かつあい》縁起」とも呼ばれ、人間の苦しみの原因を人間の欲望までたどるものです。この渇愛縁起が縁起説の基本となります。Bの五支である「受―触―六処―名色―識」は、十二処・十八界にあったような認識論のつながりです。人間の認識の始まりを、眼とか耳の感覚器官による感受作用までたどるのです。

Cの二支「行―無明」は、あとから付け加えられたものです。このように全体として、人間の「老死」は人間の迷妄《めいもう》としての「無明」にありと、十二支で完結するようになっているのです。

「渇愛縁起」五支は、「老死」から始まります。このあたりが仏教の深いところです。仏教では人間の苦しみを生老病死に代表させますが、さらにそれを「老死」に絞り込むのです。なぜ、「老死」の苦しみがあるのでしょう。それは「生（まれる）」からです。生まれるのは迷いの存在としての「有」があるためです。迷いの生存を得てしまうのは、それに執着する「取」があり、何かに執着してしまうのは人間に欲愛や渇愛があるからだと、どんどん掘り下げていきます。そして仏教では、その欲望を「愛」と呼びます。人間の苦しみはすべて、人間の欲愛に起因すると結論づけるのです。

何と、説得力のある説明でしょうか。思わしくない出来事に襲われると、その因縁を先祖の祟《たた》りに求めるような「怨霊信仰《おんりょうしんこう》」などは微塵《みじん》も見られません。

「満たされない欲望を抱えているから、苦しまなければならない」と、あくまでも合理的に諭《さと》しているのです。激しい渇きにたとえられる欲望に「愛」の文字を当てているために、キリスト教との関連で、ひどい誤解が生じてしまう個所でもあります。

仏教用語としての「愛」は悪しき欲望を意味していて、決してよい意味では使われません。キリスト教では、ギリシア語の「アガペー」は、神の与えてやまない大きな愛を意味しています。古代ギリシアにももちろん、恋愛（エロース）や友愛（フィリア）を意味することばはありました。しかし、無償の神の愛を表現するために、当時はあまり使われていなかったアガペーが用いられたのです。日本語では単に「愛」と訳されますが、やや正確さに欠けていると言わざるを得ません。それ

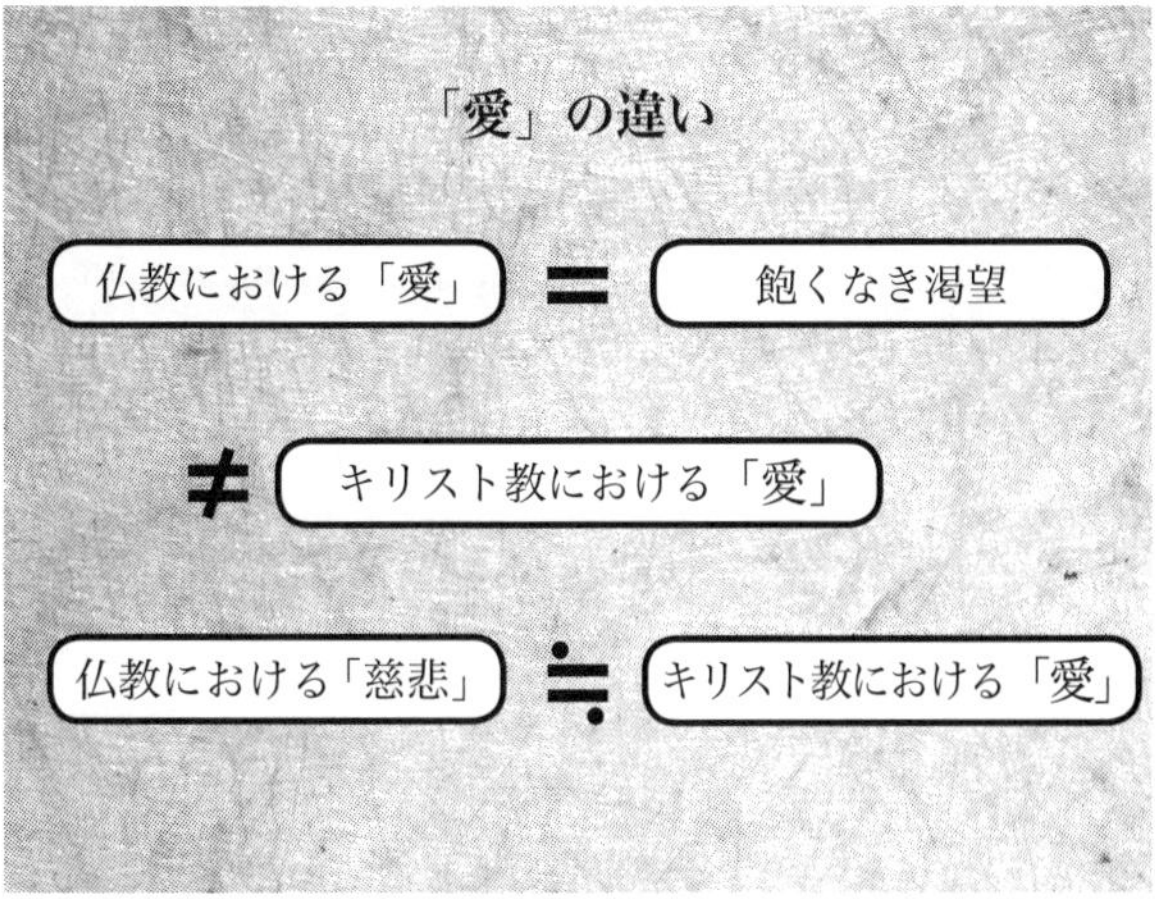

はともかく、仏教とキリスト教の「愛」の意味の隔たりは、覚えておいてほしいところです。

かつて京都のある寺院のご住職から、質問状をもらったことがあります。質問状にはスタンダールの『恋愛論』から、さかんに引用がされていました。聖書の愛を、仏教の愛で読んでしまうと、聖書はとんでもない欲愛の書となってしまいます。そこで私は、聖書でいう愛は、仏教の「慈悲」に近いものですとお答えしました。

「渇愛縁起」は「老死」の苦しみを、「欲愛」に求めていましたが、これにつながるBの五支である「受―触―六処―名色―識」は、ある意味で無関係なテーマが扱われています。人間には「識」という認識作用があって、対象としての「名色（名前とかたち）」があり、「六処」（六つの感覚器官＝眼・耳・鼻・舌・身〈皮膚感覚〉・意〈心〉の六つ）があります。この三つが接（触）すると、感覚としての「受」が起こるのです。

人間は何かを認識するものと考えるインド人にとって、苦しみの問題とともに欠かせることのできないテーマなのでしょう。何度も取り上げた「五蘊」という人間論でも、人間とは何かを認識する存在だと規定しています。「渇愛縁起」と「認識論」は別々に確立していきましたが、どこかで両者が一緒になり十支になったようです。これは、ドイツの高名な仏教学者であるフラウワルナーの説です。

では、最後に残った二支（行―無明）は、なぜ加えられたのでしょうか。

これは、とても興味深いことです。キリスト教的に言えば、救済論としての意味合いをもって付け加えられたのです。冒頭のことばに、「老死も老死の滅も無い」とありました。縁起説には流転分《るてんぶん》と還滅分《げんめつぶん》の二つがあります。「老死」の原因をたどっていくのが流転分、「老死」を滅するためには、何を滅したらいいのかをたどっていくのが還滅分です。

「老死」の原因を「愛」に求める五支縁起と、人間の認識作用の仕組みを示した五支が結びついたのが十支縁起です。これは、「老死」の原因究明としては十分ですが、「老死」の苦しみを滅するためには不十分です。苦しみを滅ぼす救済論が別に必要だということになりました。

そこで、「識」をもたらすものを滅ぼすことが必要になります。そのためには過去における「行」

が注目されたのです。「行」は十二因縁のひとつで人間の意志作用を指し、「意識」の源です。この「行」を滅ぼすためには、人間の無知と迷妄《めいもう》としての「無明」を滅ぼさなければならないと考えられるようになりました。こうして、「老死」という苦しみからの救済論が完結するのです。

◎四諦説とは「苦集滅道」の真理

◎――唐三蔵法師玄奘訳「般若波羅蜜多心経」

無《む》苦《く》集《じゅう》滅《めつ》道《どう》　無《む》智《ち》亦《やく》無《む》得《とく》

●玄奘訳読み下し

苦も集も滅も道も無く、智も無く、また、得も無し。

●現代語試訳

苦しみとその原因、苦しみを滅することと、そのための道も無い。知ることも、得ることも無い。

京都市内の東山山麓に、日本バプテスト病院があります。詩仙堂《しせんどう》（丈山寺《じょうざんじ》）に近い風光明媚《ふうこうめいび》な場所にあり、老人ホームや看護学校も併設されています。

以前私が牧師を務めていた京都聖書教会の女性信者さんが、この病院で乳がんの手術をしたことがあります。気丈な人でしたが、手術室にいざ入るという段になって、声を上げて泣き出してしまいました。すると傍《かたわ》らにいた看護師が手を握りしめ、祈ってくれたそうです。手術前に泣き出す患者も多いでしょうから、医師や看護師にとっては見慣れた光景かもしれません。しかし患者にとっては、一生に一回ぐらいの一大事なのです。そんな時、静かに祈ってくれた看護師のおかげで、彼女は大きな勇気と平安を与えられて手術室へ向かったのでした。

畳が敷かれた、まるで自宅のような部屋のあるホスピスにも、何人かの患者さんやそのご家族が〝入居〟しています。天に召されたときには主治医と看護師、病院付きの牧師が家族とともにベッドを囲み、お別れの式が行なわれます。患者に深く関わった医師や看護師が祈り、賛美の歌をささげることで、人の死は深い尊厳に包まれるのです。

京都在住の牧師として、昼間に持たれる患者さんの礼拝や、早朝に持たれる医師や看護師、職員さんの礼拝に招かれ、聖書の話をすることがありました。昼間に礼拝堂で行なわれる礼拝の際には、その音声が全病室に放送されました。

病院や医師、看護師の営みは、「苦集滅道《くじゅうめつどう》」という四諦説《したいせつ》と重なると言っていいでしょう。仏教における救済は、「病《やまい》をどう治療するか」という視点で説かれているからです。

四諦説《したいせつ》の「諦」は、物事を明らめる、つまり明らかに見極めるという意味です。したがって四諦説は、四つの真理という意味になります。四諦説《したいせつ》は、四聖諦《ししょうたい》とも言われます。これは四つの聖なる真理のことです。意味は同じと考えていいでしょう。

「苦」は、病院における診察です。現実の苦しみから目をそむけて逃げたりせず、直視することです。誰でも思わぬ出来事に四苦八苦しながら生きていく、それが現実です。

四苦八苦ではまず、生老病死の四つがきます。老いること、病むこと、死ぬこと、したがって生まれること自体が苦しみだとするのです。仏教は人々を診察し、「人生の現実は苦しみだ」と診断を下します。この診断から、すべては始まるのです。

四苦に続くのは「愛別離苦《あいべつりく》」（愛する者との別離を余儀なくされる苦しみ）、「怨憎会苦《おんぞうえく》」（憎い者とも会わなければならない苦しみ）、「求不得苦《ぐふとくく》」（求めるものが得られない苦しみ）、「五蘊盛苦《ごうんじょうく》」（人間には苦しみが満ちているということ）で、合わせて四苦八苦になるということが、第一の真理です。

第二真理は「集《じゅう》」です。苦しみには必ず原因があります。縁起説は、「苦しみの原因は激しい渇

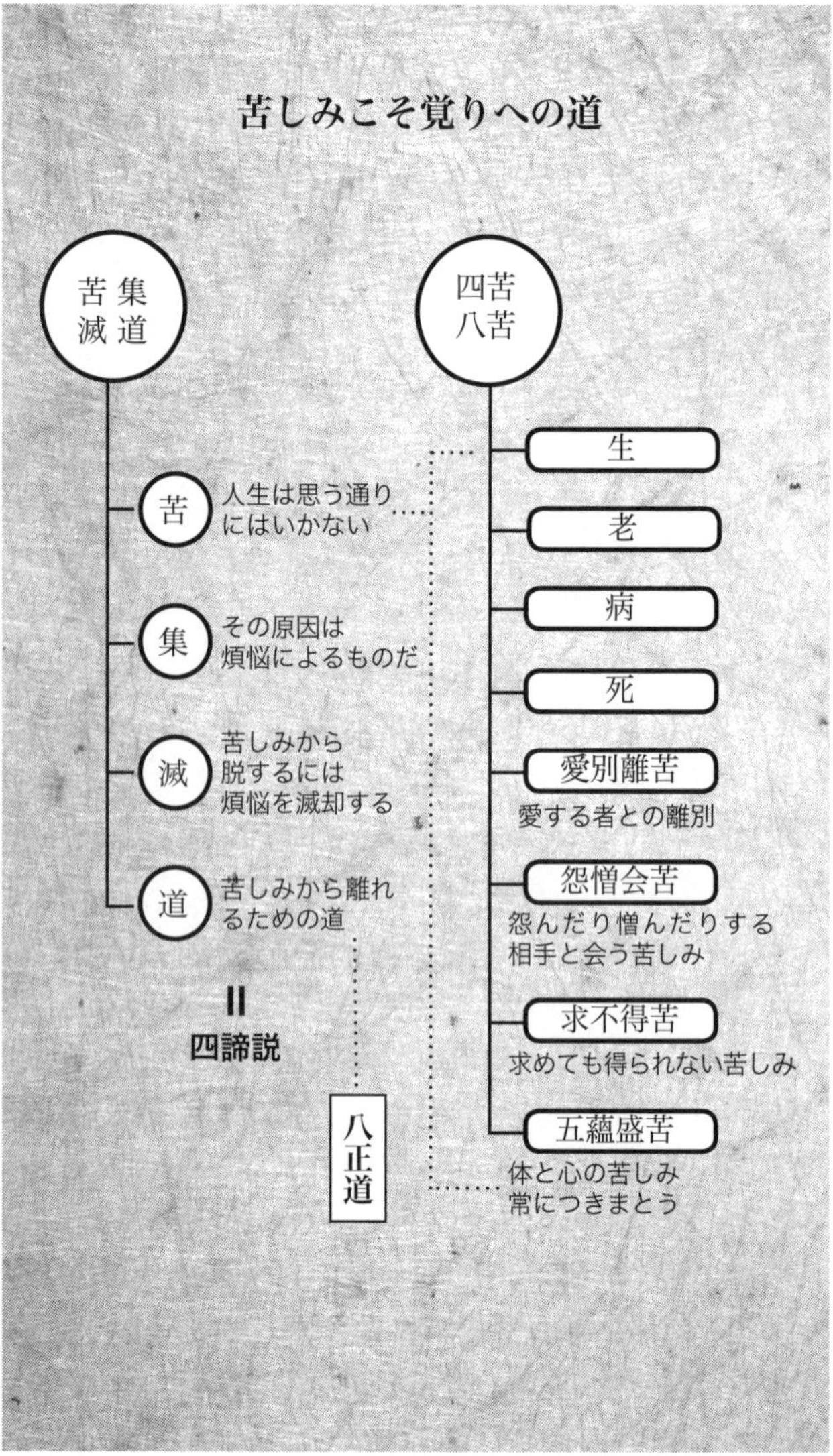
苦しみこそ覚りへの道
苦集滅道
苦
人生は思う通りにはいかない
集
その原因は煩悩によるものだ
滅
苦しみから脱するには煩悩を滅却する
道
苦しみから離れるための道
＝
四諦説
八正道
四苦八苦
生
老
病
死
愛別離苦
愛する者との離別
怨憎会苦
怨んだり憎んだりする相手と会う苦しみ
求不得苦
求めても得られない苦しみ
五蘊盛苦
体と心の苦しみ常につきまとう

きのような欲望であり、さらに根源的な迷いとしての無明にある」と説きます。これは医師による病原の診断と言えるでしょう。

診断が下れば、その病原になっているものを断てばいいわけです。第三の真理は「滅」であり、苦しみの原因となっている悪しき欲望や迷いを滅した状態を言います。それは迷いを離れた覚《さと》りであり、欲望から自由になった心の静けさです。ただの応急処置ではなく、病原を完全に除去したときに得られる健康こそ、目指すべきものです。

第四の真理は「道」です。苦しみの原因を滅した覚りに至るために、実行しなければならない治療があります。どこまでも自分で取り組む修行であり、仏教では「八正道」として定型化されています。（くわしくは、二四〇〜二四五頁）

いくつかの修行を通じて、最後は禅定《ぜんじょう》による精神統一に、仏教の修行は収束していきます。冒頭のことばに戻りましょう。

「苦集滅道も無く」に続いて、「智も無く、得も無し」と続きます。八正道によって修行が完成すると、「正智」と「正解脱《げだつ》」が得られるというのです。「智」は「正智」を、「得」は「正解脱」を意味していると、私は考えています。

四諦説を体得した修行者は、覚りの智慧と解脱の自由に到達できるということです。病人の苦しみを診断し、正しい治療によって健康を取り戻すというのですから、「苦・集・威・道」の四諦説は、医療の論理と本当によく似ています。この合理性が仏教の特長だと言えるでしょう。

しかし、治療はきわめて合理的であっても、治療を受けようとしなかったり、受けるのが遅きに失したりと、問題は治療を受ける人間の側にあることが多いものです。そして、これが人間の魂の問題となれば、余計にこの合理性の及ばない領域に入っていかざるを得ません。これが宗教というものの難しさでしょう。宗教哲学者の西谷啓治氏が名著『宗教とは何か』（創文社）の冒頭で、以下のように述べています。

「要するに、その人は宗教を必要としていない、だからこそその人は宗教を必要とする、という矛盾した関係が、宗教の我々に対する関係である。そういうことは外の如何なる事柄についてもいえない。」（西谷啓治『宗教とは何か』創文社、一九八四年、三頁）

◎修行を経て涅槃に至る

◎——唐三蔵法師玄奘訳「般若波羅蜜多心経」

以無所得故《いむしょとくこ》　菩提薩埵《ぼだいさった》　依般若波羅蜜多故《えはんにゃはらみたこ》　心無罣礙《しんむげいげ》　無罣礙故《むげいげこ》

無有恐怖《むうくふ》　遠離一切転倒夢想《おんりいっさいてんどうむそう》　究竟涅槃《くきょうねはん》

●玄奘訳読み下し

得る所無きを以《もっ》ての故《ゆえ》に、菩提薩埵は、般若波羅蜜多に依るが故に、心に罣礙無し。罣礙無きが故に、恐怖有ること無く、一切の転倒夢想を遠離して、涅槃を究竟す。

●現代語試訳

心が囚《とら》われていないから、菩薩《ぼさつ》は智慧の完成なる行に依って、心に妨げが無い。心に妨げが無いゆえに、恐れが無く、すべての誤った考えから離れて涅槃の安らぎに達している。

般若心経は「観自在菩薩」の一語から始まっていますが、その「菩薩」はここに出てくる「菩提薩埵」の省略形です。「菩提薩埵」はサンスクリット語でボーディ・サットバの音写です。ボーディは覚りを、サットバは生きものを意味し、ボーディ・サットバで覚りを求める生きものという意味になります。その意味から、「衆生《しゅじょう》」や「有情《うじょう》」と漢訳されることも多いようです。もともとは、前世のゴータマ・ブッダのみを「菩薩」と呼びました。古代インドの仏教徒の意識としては、ゴータマ一代でブッダに成るとは思えず、修行を重ねた前世があったはずだと考えたのでしょう。そして、修行を重ねたゴータマのさまざまな前世物語が語られていきます。それが**ジャータカ**（本生譚《ほんじょうたん》）と呼ばれるものです。

たとえば、こんな物語があります。

「菩薩」つまり前世のゴータマがウサギだった時、施《ほどこ》しをしようとしても施す物がなかったので、火の中に身を投げて自分の肉を施しました。そのウサギの捨身《しゃしん》の行《ぎょう》が感動を与えたことから、月にウサギの姿が刻《きざ》まれました。そして、そのウサギこそ前世のゴータマであったのだと締めくくられます。「月のウサギ」は、インドの**ジャータカ**（ゴータマの前世物語で、全二十二篇五四七話。旧約聖書に似て、豊かな物語性にあふれている。古代インドの社会風俗なども、うかがい知ることができる。輪廻転生の考え方が色濃く反映されている。）から日本の**今昔《こんじゃく》物語（集）**（平安時代末期に成立したと考えられている。インド、中国、日本の仏教説話が一〇〇〇以上集められている。各説の冒頭が、「今は昔～」とあることから「今昔物語」とされた。）に入って、私たちの子ども心にも刻《きざ》まれました。

大乗仏教運動の大切な特徴の一つは、誰もがゴータマのようにブッダに成ることを目指せるとしたことです。そのため、覚りを目指す人をみな、「菩薩」と呼ぶようになりました。前世のゴータマだけでなく、また出家修行者だけでなく、市井《しせい》に住んで世俗の仕事をする在家の信仰者も、覚りを目指すことができるのです。みんなが菩薩だということの平等主義が、般若心経にも貫かれています。

覚るとは、人間として究極の完成に至るということです。どんなことでもそうですが、完成の域に達するのはやはり難しいものです。途中で失速したり、後戻りしたり、いろいろな障害が必ず出てきます。本項で扱う般若心経の一句は、完成を前にした者を襲う恐れから萎縮しないことが肝要だと教えています。

ひょっとして自分は完成するのではないか、と思ってしまった途端に、そして自分は何かすごい存在になるのではないかと夢想してしまった途端に、すっかり肩に力が入ってしまって、いつもの力が出せなくなる。何か心に覆いがかかり、心が囚われてしまって、完成を目前にして立ち往生してしまうのです。

目標に到達する菩薩は、心に覆いがかからず、心に囚われがありません。だから、これまで通りに般若波羅蜜多《はんにゃはらみた》という修行に打ち込めばゴールに達することができると、般若心経は教えています。確かに人はゴールを前にすると、急に恐れに取り付かれて、自縄自縛《じじょうじばく》に陥ってしまうものです。ゴールしたら何が得られるだろうか、取らぬ狸《たぬき》の皮算用を始めてしまうからです。そうなるともう駄目です。平常心を無くし、ゴール目前にして自滅することになります。大きな完成を前にするほど、この最後の坂を越えるのが難しくなるのです。

◎覚りの直前が一番難しい

二〇〇六年、トリノ（イタリア）冬季オリンピックで、フィギュアスケートの荒川静香選手が文句なしの金メダルを獲得したことに、国中が沸《わ》き返りました。実力の拮抗《きっこう》した選手たちが名を連ねるオリンピックの舞台は、いきおい神経戦の様相を呈してきます。金メダルを期待する母国の重圧と、世界中からの注目を浴びて緊張はピークに達することでしょう。表彰台に立つ自分の幻影が見え隠れしたりすると、もう足が地に着かなくなるのも当然です。荒川選手は先に滑走する他国のライバルの演技に一瞥《いちべつ》もくれず、耳にはヘッドフォンをして好きな音楽で満たし、自分の演技をすることだけを考えて出番を待ったと言います。のびのびと自分らしい演技を決めていった荒川選手は、最後のスピンをする時には顔に笑みさえ浮かべていました。恐れに取り付かれる自分に勝ったのです。究極の舞台でみごと自分に勝った彼女は金メダルを手にし、最高のゴールに到達したのでした。そこに至る荒川選手の努力もさることながら、自分を縛る恐れに打ち克った彼女に、私は心からの拍手を贈りました。

人生という長丁場のレースを考えても、若き日の志をもって長年努力し、苦労を重ねてきた人がいよいよ完成を目指すという時に、自分への囚われに直面します。今まで遠かった名誉とか高い地位を目前にすると、本当に大切なことが見えなくなってしまうものです。宗教教団の高い地位にある人々が、世俗的な名誉を競い、権力闘争に明け暮れる姿もめずらしくありません。般若心経は、ゴールを目指す人が最後のところで自分への囚われに打ち克たなければならないことを教えているのです。

もう一つの大事なことばは、「涅槃」です。涅槃はサンスクリット語のニルヴァーナの音写で、火を吹き消した状態を意味します。最後の最後まで自分との戦いに勝った人を待っているのは、静けさだというのです。人間の罪悪を、燃え盛る火にたとえて、「煩悩《ぼんのう》」と仏教は呼びます。そして、最後まで自分に囚われてしまう人間の欲を、完全に吹き消した状態を「涅槃」というのです。その心の静けさこそ、目指すべきゴールだと般若心経は教えています。

般若心経は、恐れを越えて完成に達した心の静けさを語ります。イスラエルの預言者は、全能の神に信頼する者の心の静けさを語りました。本当の強さというのは、静けさの内にあるのでしょう。そんな力強い静けさを求めたいものです。

◎この上ない覚りは、八正道で成る

◎——唐三蔵法師玄奘訳「般若波羅蜜多心経」

三世諸佛《さんぜしょぶつ》　依般若波羅蜜多故《えはんにゃはらみたこ》　得阿耨多羅三藐三菩提《とくあのくたらさんみゃくさんぼだい》

●玄奘訳読み下し

三世諸佛も般若波羅蜜多に依《よ》るが故《ゆえ》に、阿耨多羅三藐三菩提を得たり。

●現代語試訳

過去・現在・未来の仏たちは、智慧の完成なる行に依って、これ以上ない完全な覚りを得た。

大乗仏教では、「菩薩」とは覚りを求めて修行するすべての者を指します。ゴータマ・ブッダひとりではなく、すべての者が涅槃の安らぎを目指していいということです。ここでは、三世の諸仏が、やはり般若波羅蜜多に依拠して阿耨多羅三藐三菩提《あのくたらさんみゃくさんぼだい》を得る、と結論を言い換えています。「阿耨多羅三藐三菩提」とは、サンスクリット語のアヌッタラ・サムヤック・サンボーディ（anuttara samyak sambodhi）の音写語です。意味は、「無上の正しい覚り」となります。この上は考えられない、つまりは最高の覚り。仏教の究極の目標である覚りに、やはり智慧の完成なる修行に打ち込むことによって、三世の仏たちが到達するというのです。

「三世諸佛」とは、過去・現在・未来の三世にいる多くの仏たちのことです。仏とは究極の覚りに到達した人のことであり、本来これはゴータマ一人を指していました。覚った人であるゴータマ、すなわちゴータマ・ブッダが固有名詞として使われるのはそのためです。しかし、ゴータマ・ブッダは究極的な人格神とはされません。そうではなく、過去にも覚りを得たブッダはいたはずだし、未来にも現れると考えられたのです。究極的なものは、この上なき覚りという原理なのです。その究極の原理をつかんだ者が多数いると考えるのは、自然なことです。それは必然的に多仏思想をもたらし、もっと広く言えば、多神論となっていきます。逆に言えば、究極的なものは原理であって、人格ではないということです。その点で、究極的な唯一の人格神との出会いにすべてがかかるキリスト教とは、きわめて対照的ではあります。

ところで、第七章では「縁起菩提」をテーマにしてきました。ここで、縁起説から多仏思想を展開する「城邑経《じょうゆうきょう》」という美しい経典に触れておきましょう。何が美しいかというと、そこに用いられている城邑という比喩《ひゆ》です。城邑とは城のある町という意味ですが、それを発見した人があっ

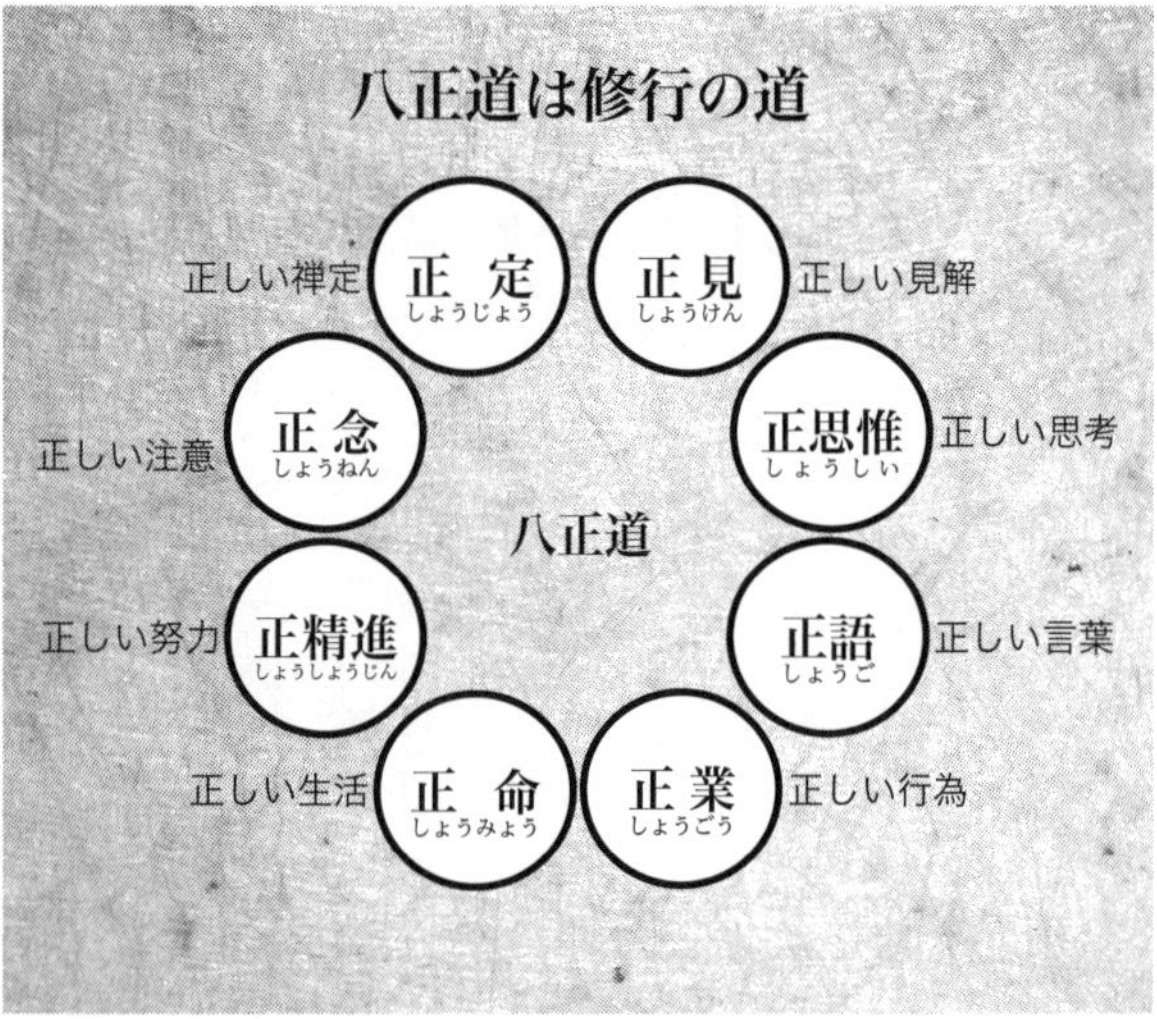

たというのです。荒れ果てた森に迷い彷徨《ほうこう》していた人が古道を発見し、そこをたどっていくとみごとな古城、すなわち城邑を発見します。発見者は王に報告し、やがて古城は再建されて栄え、殷賑《いんしん》をきわめるようになったという話です。

発見された古道にたとえられているのは、過去の賢者たちがたどった道であって、それはつまり八正道だというのです。八正道とは、覚りに至るための正しい八つの道のことです。

八正道は、苦集滅道《くじゅうめつどう》という四つの真理を意味する四諦説《したいせつ》における四番目の真理でした。人生の現実は苦しみであり（苦）、その苦しみには原因があり（集）、その原因を滅した時に安らぎがくるのだ（滅）と説かれます。その苦しみの原因を滅する方法が、八つの正しい道です（道）。

この四諦説は、縁起説と究極の覚りである菩提との関係を説きます。つまり、本章のテーマである「縁起菩提」の理を説いているのです。苦しみという人生の現実には、必ずその原因がある。その原因は人間の誤った欲望であり、その欲望を無くしていくならば、人生の苦しみは乗り越えられる。だから、そのために修行としての正しい道を歩もうというのです。

古城にたとえられているのは、縁起説および四諦説という原理であり、真理です。その真理は過去にも見出されていたのであり、発見した人は八正道という古道をたどっていました。発見された古道を王が再興したというのは、八正道に精進する人が増えたということであり、同じ真理に到達する人たちの勢いが盛んになったということです。なかなか趣《おもむき》のある比喩ではありませんか。

もう一点、この城邑経《じょうゆうきょう》において説かれている縁起説は独特なものであることを付け加えておきましょう。流転分《るてんぶん》は十支縁起で、還滅分《げんめつぶん》だけが十二支縁起をなす、変則的な縁起説なのです。先に述べましたように、「老死」の苦しみの原因をたどっていくのが、流転分《るてんぶん》縁起説です。その流転分縁起説は、「老死」から「識」までの十支。逆に、「老死」の苦しみを無くすためには何を無くすことが必要かをたどるのが、還滅分《げんめつぶん》縁起説ですが、その還滅分縁起説だけが、「行」と「無明」をさらに加えた十二支となっています。

このような流転分十支・還滅分十二支という変則的な縁起説を持った城邑経は、シルクロードの高昌（トルファン）で発見されています。やがて流転分も還滅分も十二支縁起となって定型化していくので、その直前の形を見せる縁起説として「城邑経」は貴重なものです。「老死」の苦しみを無くすためにはどうすればよいかという救済論的な展開において、根源的な迷いとしての「無明」にまでさらにたどっていった経緯を、城邑経は語ってくれます。

ＮＨＫスペシャル『新シルクロード』（二〇〇五年二月二〇日放送）では、「灼熱の大画廊」としてベゼクリク千仏洞をデジタル復元して見せてくれて、見る者を圧倒しました。ヨーヨー・マの魅惑的な音楽を聴きながら、荒涼たる砂地の中から大仏教美術館が出現し、睫毛《まつげ》の長い美姫のミイラが姿を現す瞬間に、テレビの前で私も息を呑《の》んだものです。

古代の浪漫は私たちの胸を騒がせますが、時空を超えて人間の変わらない姿を発見するからこそ、私たちは心引かれるのではないでしょうか。大発見があれば世間は未曾有《みぞう》の事件、空前絶後の出来事と大騒ぎするのが常ですが、本当に深い経験、真にこの上なき発見とは、実は再発見なのだと考えさせられました。過去にも見出した人がいたし、これからも掘り起こす人は出てくるのです。しかし、人生をそこまで深く掘った人にしか確かめられないもの、それがこの上なき覚りというものなのでしょう。誰にとっても短い人生の中で、そんな深い気づきにおもむく歩みをしたいものです。人類の宝というべき古城に至る古道を踏み直すように、私たちも歩いてみたいものです。

古道という比喩にちなんで、道に関する聖書の美しいフレーズを添えて、この章の締め括りとします。

多くの民が来て言う。
「さあ、主の山、ヤコブの神の家に上《のぼ》ろう。
主はご自分の道を、私たちに教えてくださる。
私たちはその小道を歩もう。」
それは、シオンからみおしえが出、
エルサレムから主のことばが出るからだ。
（イザヤ書2章3節）

ここでいう「主の小道」とは、神のことばを踏み行なう道のことです。そして、その道の向かう所は、神のおられる家であり、神ご自身であると言ってよいでしょう。縁起説や四諦説という真理にたどりつくために、古の正しい道を踏みゆこうとする仏教世界と比べてみると、そのコントラストは鮮やかです。

ゴータマ・ブッダのことば―5

他人の過失より、自分の過失を見よ

「他人の過失は見やすいけれども、自己の過失は見がたい。ひとは他人の過失を籾殻《もみがら》のように吹き散らす。しかし自分の過失は、隠してしまう。――狡猾な賭博師が不利な骰《さい》の目をかくしてしまうように。」（『ブッダの真理のことば』第一八章　汚れ　二五二）

籾殻は、勢いよく吹き飛ばさなければなりません。他人の失敗は、思い切り息を吸ってあたりかまわず言いふらしてしまいたいものです。知らず知らずのうちに、吹き飛ばす息に力が入ってしまいます。

逆に、自分の過失となると、もみ消そうとして無意識のうちに私たちは走っています。

「あなたは、兄弟の目にあるちりが見えながら、どうして自分の目にある梁には気がつかないのですか。自分の目にある梁が見えずに、どうして兄弟に、『兄弟。あなたの目のちりを取らせてください』と言えますか。偽善者たち。まず自分の目から梁《はり》を取りのけなさい。そうしてこそ、兄弟の目のちりがはっきり見えて、取りのけることができるのです。」

（ルカの福音書6章41～42節）

人の目のちりが気になるあなたの目に、梁が入っているぞ。この手の偽善者を最も嫌ったイエス一流の、これは鋭いユーモアであります。

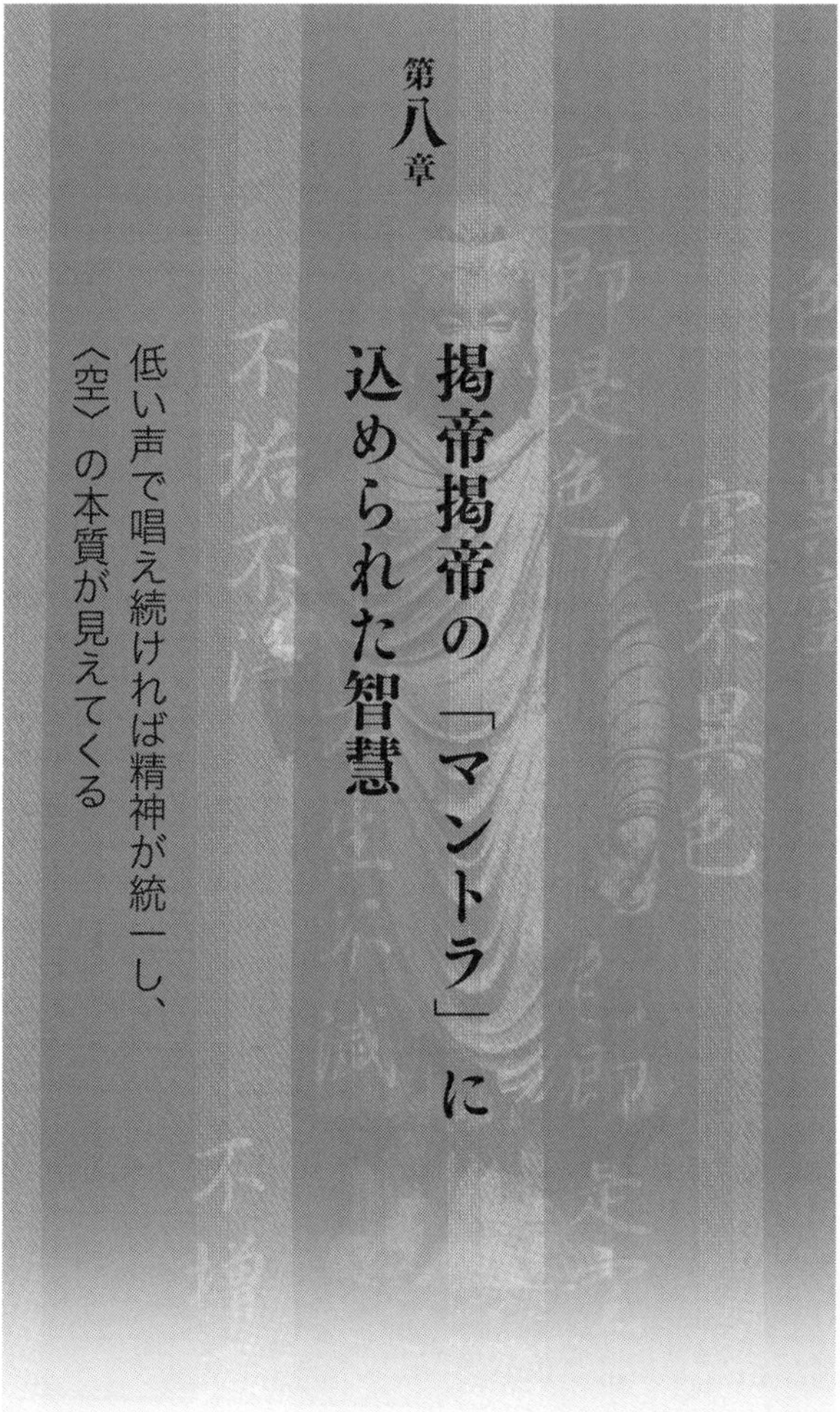

第八章

掲帝掲帝の「マントラ」に込められた智慧

低い声で唱え続ければ精神が統一し、〈空〉の本質が見えてくる

般若波羅蜜多心経　唐三蔵法師玄奘訳

観自在菩薩　行深般若波羅蜜多時　照見五蘊皆空　度一切苦厄
舎利子　色不異空　空不異色　色即是空　空即是色　受想行識　亦復如是
舎利子　是諸法空相　不生不滅　不垢不浄　不増不減　是故空中
無色無受想行識　無眼耳鼻舌身意　無色声香味触法　無眼界乃至無意識界
無無明亦無無明盡　乃至無老死　亦無老死盡　無苦集滅道　無智亦無得
以無所得故　菩提薩埵　依般若波羅蜜多故　心無罣礙　無罣礙故　無有恐怖
遠離一切転倒夢想　究竟涅槃
三世諸佛　依般若波羅蜜多故　得阿耨多羅三藐三菩提

◎第八章で解説する経典

故知般若波羅蜜多　是大神呪　是大明呪　是無上呪
是無等等呪　能除一切苦　真実不虚故　説般若波羅蜜多呪　即説呪曰
掲帝掲帝　般羅掲帝　般羅僧掲帝　菩提僧莎訶

般若波羅蜜多心経

智慧を授かる呪文、神秘の世界

◎唐三蔵法師玄奘訳「般若波羅蜜多心経」

故知《こち》般若波羅蜜多《はんにゃはらみた》　是大神呪《ぜだいじんしゅ》　是大明呪《ぜだいみょうしゅ》
是無上呪《ぜむじょうしゅ》　是無等等呪《ぜむとうどうしゅ》　能除一切苦《のうじょいっさいく》
真実不虚故《しんじつふここ》　説般若波羅蜜多呪《せつはんにゃはらみたこ》　即説呪曰《そくせつしゅわつ》
掲帝掲帝《ぎゃていぎゃてい》　般羅掲帝《はらぎゃてい》　般羅僧掲帝《はらそうぎゃてい》　菩提僧莎訶《ぼじそわか》

●玄奘訳読み下し

故《ゆえ》に知るべし。般若波羅蜜多はこれ大神呪なり、これ大明呪なり、これ無上呪なり、これ無等等呪なり。能く一切の苦を除く。真実にして虚ならざるが故に。般若波羅蜜多の呪を説く。

即ち呪を説いて曰わく。

掲帝《ぎゃてい》掲帝《ぎゃてい》　般羅《はら》掲帝《ぎゃてい》　般羅《はら》僧掲帝《そうぎゃてい》　菩提《ぼじ》僧莎訶《そわか》

●現代語試訳

故に知るべきである。智慧《ちえ》の完成なる行《ぎょう》を意味する般若波羅蜜多は、大いなるマントラであり、大いなる知恵のマントラであり、この上なきマントラであり、並ぶものなきマントラである。これは真実であって虚妄《きょもう》なものではないゆえに、すべての苦しみから解放することができる。智慧の完成なる行のマントラを以下のごとく説《と》く。

往きたる者よ。往きたる者よ。彼岸《ひがん》に往きたる者よ。完全に往きたる者よ。覚《さと》りよ。幸いあれ、と。

◎「マントラ」は、人を苦しみから解放するここまで、般若心経（第一章）と聖書（第二章）を大づかみにし、経題（第三章）に触れ、本文を五つに区分して書き進めてきました。以下の通りです。

一　観音菩薩（第四章）
二　五蘊皆空（第五章）
三　諸法空相（第六章）
四　菩提縁起（第七章）
五　マントラ（第八章）

ついに、最後のマントラを扱う段となりました。ここには、般若波羅蜜多が大いなるマントラであると賛美する前書きがあって、「掲帝掲帝」に始まる件《くだん》のマントラが置かれて、般若心経の本文は締めくくられます。マントラとは真言《しんごん》のことで、次項でくわしく説明します。

〈空《くう》〉を論じ、あらゆるものを否定してきた般若心経が、唯一肯定してきたのは般若波羅蜜多だけです。覚りの智慧の完成、英知の完成であって、それは修行のプロセスでもあり修行の到達点でもありました。般若心経は大乗仏教の本流である般若波羅蜜多を論じるだけでなく、般若波羅蜜多のマントラを最後に置いて終わっています。むしろ私には、般若心経はこのマントラを持ってくるために書かれた経典のようにさえ思えてくるのです。

般若波羅蜜多は大いなるマントラであり、この上なきマントラであり、無比のマントラです。それはこのマントラがあらゆる苦しみを無くし、真実であって虚妄なものではないからである、とマントラの絶大な力が称えられています。あらゆる苦しみを除くと言えば、ゴータマ・ブッダの宗教者としての出発点が、苦しみの問題であったことを思い出します。

「人はどうして、生老病死の苦しみを免れないのだろう。どうして愛する者と離別し、死別しなければならないのか。どうして自分を妬《ねた》み、憎み、嫌悪する人間と離れることができないのか。どうしてこうも不如意《ふにょい》な人生に甘んじなければいけないのか。考えてみれば、この人の世は苦しみに満ち満ちているではないか。この人の苦しみを何とかできないものだろうか」

この苦しみというものに正面から向かい合うことから、ゴータマの仏教は展開していくのです。マントラがあらゆる苦しみから人を解放するのは、このマントラに〈空〉の真理が、覚りの智慧が込められているからです。ここまで論じてきた〈空〉の智慧は、このマントラにすべて込められています。般若心経は、やはりこのマントラに収束するのです。般若心経全体の見方として、〈空〉の教えを中心と見るか、マントラを中心と見るかの二つに大きく分かれています。しかし、いまだにどちらであるかという結論は出ていません。

◎「陀羅尼」「真言」「明呪」で精神を統一する

「陀羅尼《だらに》」「真言《しんごん》」「明呪《みょうしゅ》」という、密教に関わる三つの用語があります。

「陀羅尼」はサンスクリット語ダーラニーの音写であり、心を一定の場所に結びつけること、すなわち精神統一という意味を取って「総持《そうじ》」とも訳されます。禅定修行の目指すところは精神統一であり、そのような精神状態になると記憶力が異常に高まるというのです。もともと仏教の経典は文字化されることを嫌い、僧侶の記憶によって伝承されてきました。古代インドでは、商業上の領収書など世俗の文書は文字にしましたが、聖なる文章は記憶しなければなりませんでした。いわゆる原始経典が文字化されたのは大乗仏教運動の起こる紀元直前であり、ほぼ四〇〇〜四五〇年間は記憶だけで伝えられてきたのです。原始経典は韻文《いんぶん》になっていて、覚える便宜が図られてもいますが、その膨大な分量を考えると、これは驚異的な集中力の連鎖だと言えます。

「真言」はサンスクリットで、マントラです。思考の器という意味であり、もともと神々を称《たた》えるバラモン教（古代ヒンドゥー教）の賛歌ヴェーダに見られます。言葉そのものが持つ力に、古代インド人も特別な関心を持っていました。マントラは低唱反復が原則でした。声高《こわだか》に叫ぶのではなく、むしろ人に聞こえないくらいの低い声で、繰り返し唱《とな》え続けるのです。短い言葉を低い声で唱え続けるうちに、次第に精神が集中し、一種の忘我状態に入っていきます。言葉の持つ理性を超えた力は、そういう中で現されると考えられたのでしょう。

「明呪」はサンスクリットでヴィディヤーであり、意味を取って「明呪」と漢訳されています。真理を明らかにする呪法《じゅほう》ということです。般若心経における般若波羅蜜多の「明呪」は、〈空〉の意義を明らかにしており、偽りが無いから一切の苦悩から人を解放する呪力を備えているのだと主張しています。単なる呪文《じゅもん》ではありません。〈空〉を体得する完成された智慧を明らかにする呪文なのです。そういう意味で玄奘は、般若心経を「明呪」として作ったのでしょう。玄奘にとって般若心経は、大乗仏教の核心を示す〈空〉の原理を示し、智慧の完成なる修行を称揚し、なおかつ唱える者をあらゆる災厄《さいやく》から守る呪力を持つ「明呪」でした。この「明呪」を唱えつつ、玄奘三蔵は危険な大旅行を敢行したのでしょう。

陀羅尼・真言・明呪の三種の意味は、次第に統合されていきます。ここではこれらの意味合いを含めて、マントラという用語を用いていきたいと思います。「掲帝」に始まる文句だけでなく、般若心経そのものが陀羅尼として、真言として、明呪として作られています。般若心経を低い声で繰り返し唱えることによって、一種の精神統一に達し、〈空〉の本質を記憶し、あらゆる災厄から守られる。般若心経とはそういう経典なのです。

般若心経が陀羅尼経典であるというのは、般若心経研究の第一人者の福井文雅氏です。

般若心経は、一心不乱に唱え続けるべきマントラです。理性的に云々するだけでは捉え切れないものです。そこには宗教の神秘が介在しており、だからこそ般若心経は魅力があると言っていいでしょう。

◎マントラは、「般若波羅蜜多」賛歌

◎——唐三蔵法師玄奘訳「般若波羅蜜多心経」

掲帝掲帝《ぎゃていぎゃてい》　般羅掲帝《はらぎゃてい》　般羅僧掲帝《はらそうぎゃてい》　菩提僧莎訶《ぼじそわか》

●現代語試訳

往きたる者よ。往きたる者よ。彼岸に往きたる者よ。完全に往きたる者よ。覚りよ。幸いあ

れ、と。

サンスクリットの音写語がそのまま用いられて、この部分は一般に翻訳すべきではないとされています。言葉の意味よりも、むしろ声に出して発せられるその音そのものが大事だと考えるからです。あえてその意味を見ると、これは般若波羅蜜多の賛歌ともいうべき内容となっています。般若波羅蜜多とは、覚りの智慧の完成という意味になります。

その完成には、彼岸に渡り切ったという意味合いが込められています。往きたる者、彼岸に完全に往きたる者とは、ある意味で神格化された般若波羅蜜多そのものと言えるでしょう。その般若波羅蜜多への呼びかけであり、賛美のことばです。このマントラは般若波羅蜜多賛歌とも言えます。般若波羅蜜多心経にふさわしいマントラなのです。

キリスト教会の活動の中心は、創造主なる神に礼拝をささげることにあります。どこの教会でも毎日曜日の朝十時半くらいから礼拝が行われています。信者ではない人が聖書も何も持たず、ふらりと入って来られても一向に構いません。一度入ったからと言って、出られなくなるのではないかなどと、恐れる必要もありません。出入りは自由です。般若心経に惹《ひ》かれるような人なら、大歓迎です。人間の奥行きを見ようという姿勢では共通しているからです。

礼拝は賛美歌に始まり、賛美歌に終わると言っていいでしょう。神への賛歌を声に出して唱えることに終始するのです。最近は日本でも**ゴスペル**（キリスト教的定義は、良き知らせという意。もともとはアメリカに奴隷として連行されたアフリカ人たちが、彼ら独自のリズムと教会音楽を融合させて作りあげた黒人霊歌が基盤となっている。一九三〇年代に、ゴスペルという教会音楽が確立されたと言われている。アフリカ系アメリカ人が多く集う教会は貧しく、十分な楽器を用意できなかったことがアカペラという形式を広めたという背景もある。ゴスペルクワイヤー（聖歌隊）の力強いコーラスが、ゴスペル歌唱の特徴である。）が静かなブームとなっていますが、これは別にストレス発散と健康増進のための歌唱ではありません。ゴスペルとは良き知らせ、つまり福音《ふくいん》という意味です。新約聖書のイエス・キリストの伝記は福音書と呼ばれます。つまり、キリストの良い知らせを魂の底から歌う、現代風賛美歌がゴスペルです。

西洋音楽はすべて、教会音楽から出てきたと言われています。ゴスペルは楽器なしのアカペラで歌われることが多いようです。このアカペラもア・チャペルつまり教会堂で歌うという意味です。比叡山《ひえいざん》で行なわれる**天台宗の声明《しょうみょう》**（天台宗の始祖最澄が、唐から天台の教えとともに声明を伝えた。これを確立したのが円仁、広めたのは良仁である。平安時代から伝承された声明は今も、天台宗の法要では欠くことのできないものだ。）は、修道院で修道士がアカペラで歌うグレゴリア聖歌のようだ、と最近思うようになりました。読経の声にも独特の抑揚があって、その音やリズムがまた人の心に直接働きかける力を持っているからです。

とにかくキリスト教会は、歌に満ちています。もちろん、礼拝においては聖書が朗読され、牧師が自分のことばで聖書を解き明かす説教が、礼拝の中心に置かれてはいます。しかし、それが「礼拝」となるためには、そこに必ず賛美の歌が必要なのです。聖書を開く時に魂に喜びがあり、賛美の歌を歌わずにはいられない。そうでなければキリスト教とは言えないほどに、大切なものなのです。

◎いつしか、神秘的な宗教世界へ

般若波羅蜜多の賛歌を、抑揚をつけて低唱反復して唱え続けていると、その音の持つ力もあいまって、次第に独特の精神状態に入っていくことが感覚的に分かります。宗教に歌はなくてはならないものですが、その歌が何度も繰り返し歌われると、また別の効果が現れてきます。次第に歌詞の意味は意識から消えていき、繰り返されるリズムの中で一種の忘我状態がもたらされるのです。理性を超えた宗教的恍惚《こうこつ》状態とでもいうのでしょうか。エクスタシーというギリシア語は、自分の外に立つという意味です。自分の理性の外に出てしまって、神秘的な経験をする。絶対的な存在と神秘的な合一《ごういつ》を経験する。こうなると神秘主義そのものです。繰り返し唱えられるべき般若心経もまた、神秘主義的な仏教としての密教を背景としていると言えます。

神秘主義とは、言葉を超越して絶対的な存在との融合合一を求める宗教の立場を言います。それはキリスト教の歴史にも、繰り返し現れました。密教もまた、神秘主義的傾向の強い仏教の一つです。インドで密教化が進んだ十三世紀に、イスラムによって仏教は滅ぼされてしまいます。僧侶たちは集団で僧院生活をしていたため、一気に滅ぼされてしまいました。そこで、密教は仏教の最終ランナーと言われます。

人が宗教に向かうとき、言葉と理性を介してではあるにしても、どこかで自分の理解を超えた存在と一つになることを求めるものです。不思議な光に包まれるような、いわく言いがたい経験を求めます。言葉では言い表せない、心が内に燃える感動です。私も十五歳の時、「わたしは道であり、真理であり、いのちなのです」とのキリストのことばに出あって、自分の知らなかった聖なる方が自分を呼んでいるような、不思議な思いにとらえられたのでした。それから今日まで、その聖なる方を畏《おそ》れつつも求めてきたように思います。

神学校で聖書を体系的に学び、牧師となってから仏教を専門的に学ぶことで、私は自分の信仰を客観視しようともしてきました。そのような学びは常に言葉を介してであり、それも難解な原語と格闘しながらでした。

そのうえ、教会の説教壇に立って自分の言葉でキリストを語り伝える務《つと》めを与えられています。キリスト教の大学と神学校の教室では、見慣れぬ仏教の経典を紐解くことによって、一宗教者としての自己の理解を新たにしてもらうべく、時に声を嗄《か》らして語っています。人前では臆してしまって、また不器用で気のきいた言葉をしゃべれない自分が、このような職務を与えられたことは幸せだと思っています。

　しかし、何度繰り返しても、何か足りない思いがいつも残ってしまいます。礼拝で説教をした日曜日の夜や、講義を終えて教室から出たあとなど、ポッカリあいた虚無の穴に落ち込んでしまうような思いを抱えることもしばしばです。教師になることは晒《さら》し者になることだとは分かっていましたが、自分の魂を晒したあとの恥ずかしさや寂しさは、いつも辛いものです。

　そんな私が、不思議に心満たされる思いをすることがあります。それは、第一日曜日の礼拝で行なっている**聖餐式**《せいさんしき》（イエスが十字架にかけられる前夜、弟子たちとの最後の晩餐の席上で定められた礼典。パンと葡萄汁の二つを受けることにより、イエスが人の罪の贖いのために死なれたことを記念する。カトリックでは、ミサ聖祭と呼ばれる。）です。聖餐式は、牧師として前に立って司式をするのですが、もう説教はせず、聖書の言葉を少し読むだけです。もはや言葉ではなく、ただパンの小片と葡萄《ぶどう》ジュースをいただくだけになります。牧師は黙って立っていなければなりません。キリストのからだを象徴するパンと、キリストのいのちを象徴する葡萄ジュースを、ただいただくのみです。「このお方のいのちをいただいて自分は生きる。このお方のいのちと自分は一つにされている」という高揚感を味わいます。これは神秘的な経験だと改めて思うのです。

「私はキリストとともに十字架につけられました。もはや私が生きているのではなく、キリストが私のうちに生きておられるのです。いま私が肉にあって生きているのは、私を愛し私のためにご自身をお捨てになった神の御子を信じる信仰によっているのです。」（ガラテヤ書2章20節）

これは、パウロのきわめて神秘的な心境を語った言葉です。「もはや自分はいない。私ではなくて、キリストがわが内に生きておられるのだ」という告白です。これは、私にも理解できることです。そうとしか言えないのだろうし、それでいいのだと。

時に言葉を超えた経験をするのが、宗教というものでしょう。ただ、そのような経験をすることだけを目標にして、そればかりを求めていくと、宗教の本質を見失うかもしれません。言葉との拮抗《きっこう》があってこそ、この神秘的なものも生きてくるように思うのです。

一時の神秘的な境地ではなく、さまざまなことばの飛び交う日常生活に、時に神秘的な深い光を与える宗教を求めていきたいものです。

◎平安仏教の両雄、最澄と空海

般若波羅蜜多の賛歌なるマントラについて、空海の独特な注解に私は注目しました。般若心経をもっと深く理解するために必要だと思ったからです。その前置きとして、平安仏教の両雄である最澄《さいちょう》と空海《くうかい》の密教をめぐる出会いと決別について、簡単に触れておきたいと思います。この傑出した二人の宗教者の鮮やかな生き方は、日本の宗教史においても光り輝くものです。

一歩先んじたのは七歳年上の最澄（七六七～八二二）です。滋賀県坂本に渡来系の三津首百枝《みつのおびとももえ》を父に生を受けた最澄は、十九歳の時に奈良県の東大寺《とうだいじ》（華厳宗《げごんしゅう》大本山）で**受戒**《じゅかい》（戒律を授けられて、正式な出家僧とされること。）しています。ところがその年に東大寺を出てしまい、故郷の比叡山《ひえいざん》に登って、一人修行するようになります。奈良仏教を見限ったこの青年を、甍《いらか》を並べる奈良の仏教寺院を京に入らせなかった**桓武天皇**《かんむてんのう》（七三七～八〇六第十代天皇。最澄や空海を留学させるなど、仏教の保護に熱心だった。）が取り立てます。法華経の講演で大成功を収め、宮中で奉仕をする内供奉《ないぐぶ》という高い地位も与えられた最澄は、三十八歳の時に遣唐使とともに還学生《げんがくしょう》として唐に渡ります。当時の留学には短期で帰国する還学生と、二十年の長期にわたり留学する留学生《るがくしょう》とがありました。

要職にあった最澄は、もちろん還学生でした。八〇四（延暦二三）年、四船に分乗して唐を目指した一行の中に、最澄とともに留学生の空海（七七四～八三五）の姿がありました。四船のうち一船ははるか南方に漂着、一船は九州に引き返し、もう一船は消息を絶ってしまいます。こんな恐ろしい留学は、今日では考えられないことでしょう。そんな危険な賭けのような往復の航海に成功して帰還した二人は、強運だったとしか言いようがありません。

その時、三十一歳の空海は無名の青年であり、二十年の留学を命じられていました。もし空海が、真っ正直に二十年を唐で過ごして五十一歳で帰国したのであれば、彼は何事も成しとげずに亡くなったことでしょう。空海は二十年分の奨学金として、腹に砂金を巻いていったのではないかと考える人もいます。空海はそれを二年で使ってさっさと帰国したあとに、獅子奮迅《ししふんじん》の活躍をするのです。

香川県善通寺市に、父は佐伯直田公《さえきのあたいたぎみ》、母は阿刀氏《あとうじ》の子として生まれ、学問で身を立てる一族の子として十八歳で都の大学に入ります。しかし、空海は約束された文部官僚としての栄達の道を捨ててしまい、四国に戻って山岳修行に身を投じます。このあたりの尖《とが》った非凡さを持った青年であったことが、空海と最澄には共通しています。空海は正式の得度《とくど》などを経ない私度僧《しどそう》として雌伏《しふく》する時期を経て、三十一歳の時に最澄と同じ船団に留学生として乗ったのです。

無事に唐に着いた最澄は、天台宗の本拠地である天台山で天台教学を半年ほど学び、禅林寺で禅を修し、龍興寺で密教を学んで早々に帰国の途についています。最澄は帰国後、天台、律、禅、密教を総合した仏教を目指していきます。帰国後、天台宗の独立に成功しますが、その後まもなく最大の外護者《げごしゃ》であった桓武天皇が亡くなります。最澄は桓武天皇に特別に取り立てられただけに、歯噛《はがみ》していた奈良の旧勢力からそれだけ激しい攻撃を受けることになります。

長安にたどり着いた空海は最澄とは対照的に、研究目標を密教一本に絞っていました。当時、インド密教の正統を受け継ぐ**青龍寺**《せいりゅうじ》（中国の唐の都長安（現在の西安市）にあった密教寺院。八〇五年にこの寺で日本の留学僧空海が、恵果より密教の正式な継承者とされる灌頂という儀式を受けた。現在は跡地が発掘整備され、空海祈念堂も建てられている。）の**恵果**《けいか》（七四六～八〇五年。長安に生まれ、中国密教のさまざまな流れを総合した。長安の青龍寺に住し、東アジアの各国から弟子を集めた。最晩年に日本から来た空海に出会い、自身の密教を継承させる。）は六十歳になっても、まだ正嫡《せいちゃく》の弟子を持っていませんでした。それにふさわしい弟子がいなかったのです。しかし日本から来た空海に会うなり、「あなたの来るのを久しく待っていた」と手放しの喜びようであったと言います。空海は恵果から密教の秘伝を授けられ、種々の密教法具を与えられました。

一千余人という雲霞《うんか》のごとき門下の中で、すべての伝授を受けたのは空海と**義明**（恵果の高弟の一人で、空海と同様に密教の正式な継承者とされたが、夭折している。その結果、空海が日本に帰国したあとは、中国には密教の正統な継承者はいなくなってしまった。）の二人だけです。義明は夭折したため、インド伝来の正統密教の伝承者は空海一人ということになります。異国の青年の抜群の器量を見込んだ恵果はまもなく亡くなり、空海は颯爽《さっそう》と帰国します。

比叡山には「寒・湿・論」の苦しみがあると言われます。山頂の寒さに琵琶湖からの湿気が加わり、学論がとりわけ厳しいという環境にありました。天台宗を独立させた最澄は天台学に加え、禅も律も密教にも取り組む、言わば総合仏教を目指していました。それだけ学ぶべき課題は多く、最澄は比叡山に入門した学生に、十二年間一度も山を下りないという規律を課したほどです。そのために、厳格この上ない叡山から脱走する弟子が後を絶たなかったと言われます。白樺派の作家、長《なが》与善郎《よよしろう》の佳編『最澄と空海――シナリオ風脚本』は、そんな場面から書き出されています。

能書家として日本三筆に数えられる空海と嵯峨《さが》天皇（七八六～八四二年。平安朝を起こした桓武天皇の子で、文芸に長じ、特に能筆家で空海・橘逸勢（たちばなのはやなり）と並んで「日本三筆」とされる。長安から帰った空海を重用《ちょうよう》し、東寺を与えるなど最大の庇護者となる。）とが懇意になるのは、至極自然なことでした。時代の風はすでに空海に吹き始めていたのです。高雄山寺《たかおさんじ》に入った空海を、最澄は辞を低くして訪問します。学び足りなかった密教を、空海から学びたいと思ったからです。唐からの請来ものの見事な密教の法具の数々に、最澄と供の弟子たちは目を奪われます。そんな彼らを悠然と迎える空海。

「（出て来た小僧に）早う白湯を……。
　それからあの砂糖を紙に載せて、もって来てさし上げて見い。」

長与善郎は、空海にそう言わせています。帰朝に際し土産に贈られた黒砂糖を、おどけた小僧が持ってくるシーンは出色です。空海のまわりには、いかにもゆったりと空気が流れていました。弟子に諫《いさ》められても、最澄は空海に弟子の礼を取って、密教の灌頂《かんじょう》（頭頂に水を一～二滴そそぎ、正統な承継者とするための儀式。密教の修行を終え、密教の奥義を伝授される伝法灌頂や、仏とはじめて縁を結ぶ結縁灌頂、密教を深く学び、弟子となるための受明（じゅみょう）灌頂などがある。）を受けようとします。密教の研究の足りなさを痛感し、空海に書物を何度も借りようとする最澄を、密教ひと筋の空海は快く思わなかったことでしょう。最後は最澄の高弟・泰範《たいはん》が空海のもとに走り、ついに二人は決別することになります。これもまた、いかにも宗教の世界です。

社会福祉の分野にまでわたる空海の八面六臂《はちめんろっぴ》の大活躍は、すでに知られている通りです。仏教の総体を伝えようとした最澄は、大乗戒《だいじょうかい》（大乗の菩薩が受持する戒）だけによる戒壇《かいだん》の勅許《ちょっきょ》を求めていましたが、皮肉なことにそれが叶《かな》ったのは最澄の死んだ直後でした。清澄なる宗教心を持ち、正面から激しい学論を行なって奈良仏教とまともにぶつかった最澄は、ある意味で失意のうちに死んだのかもしれません。

芸術的な天分にあふれた空海は、如才《じょさい》なく奈良仏教を懐柔する政治力も持ち合わせ、宗教者としてはこれ以上ないような成果を収めた人でした。

しかし、日本の宗教史に異色を放つ鎌倉仏教の祖師たちは、ことごとく最澄の学校から輩出してきます。先師を乗り越え、新しい時代を切り開いていった多くの逸材を、最澄は死後に持ったのです。空海が稀代の天才であったことは間違いありません。その雄大な思想を取っても、完成度の高い文体から雄渾《ゆうこん》な書を取ってみても、空海は燦然《さんぜん》と輝く才能を縦横無尽に発揮しました。これだけ大きな差をつけられると、嫉視の対象にもなりません。しかし、あの道元《どうげん》も栄西《えいさい》も、法然《ほうねん》も親鸞《しんらん》も、そして日蓮も、愚直に生きて死んだ最澄の比叡山が産んだのです。

鎌倉時代は、絶対的な価値と切り結んだという意味で、日本思想史に特異な時代です。集団を超える価値を持ちがたい日本で、そんな民族の限界を乗り越えた宗教が、どうしてあの鎌倉時代に生きていたのでしょうか。その鎌倉時代の宗教を生み出していったのは、みな最澄の弟子たちでした。最澄と空海。この二人の雄大な宗教者が織り成す光と影は、実に鑑賞に耐えるものがあります。

◎信じて修行すれば、覚りは必ず得られる

さて、空海の般若心経の注解『般若心経秘鍵《ひけん》』を見てみましょう。まず、名文の誉《ほま》れ高い「大綱序」を引きます。

「夫《そ》れ、仏法遥《はる》かに非ず、心中《しんちゅう》にして、即ち近し。真如《しんにょ》、外《ほか》に非《あら》ず、身を棄てて、何にか求めん。迷悟《めいご》我れに在れば、発心《ほっしん》すれば、即《すなw》ち到る。明暗、他に非《あら》ざれば、信修すれば、忽《たちま》ちに証す。」

（宮坂宥勝監修『空海コレクション2』筑摩書房、二〇〇四年、三一九頁）

仏法ははるか遠くにあるのでなく、わが心の中にある。覚りは外にあるわけではないから、この

身を捨ててどこに求めるのか。迷いも覚りも我にあるのだから、発心《ほっしん》（最高の覚りに到達しようと決心すること）するならば、覚りに到るのである。覚りの明も、迷いの暗も他の世界にあるのではないから、信じて修行するならば、直《ただ》ちに覚るのである、と。

これは確信に満ちた魂の放つ、切れ味鋭い文章です。空海のまわりには、修行の半ばで落伍《らくご》する者もあったでしょうし、高位の宗教者でも心性は歪《ゆが》んで腐熟していく者もいたはずです。それだけに、この迷い無く貫かれた魂は、見事のひとことに尽きます。

「教相判釈《きょうそうはんじゃく》」という仏教用語があります。膨大な仏教経典を、自己の基とする経典を中心として、いわば格付けを行なうことです。最澄も空海も、他の祖師たちのように教相判釈を行なって、自宗の立場を固めています。

空海の般若心経注解は、全体がこの教相判釈となっているのです。マントラの部分についても、次頁の表のように五つに区分をして、それぞれに相当する仏教諸宗の修行の結果であるとします。これは教相判釈そのものです。

最初の二者は小乗仏教の立場であり、三番目に真言宗以外の諸大乗仏教を位置づけています。そして、真言（マントラ）を唱《とな》え、修行道場に諸仏の集合像を描いた曼荼羅《まんだら》を完全に備えた真言宗を、

マントラの教相判釈	
「掲帝《ぎゃてい》」	教えを聞いて覚りにいたる「声聞《しょうもん》」の修行の結果
「掲帝《ぎゃてい》」	自ら独行によって覚る「縁覚《えんがく》」の修行の結果
「般羅掲帝《はらぎゃてい》」	奈良の法相宗や三論宗などの大乗仏教の優れた修行の結果
「般羅僧掲帝《はらそうぎゃてい》」	真言と曼荼羅《まんだら》を完備した修行の結果
「菩提僧莎訶《ほじそわか》」	これら四者を止揚する窮極の覚りに入る意義

その上に置きます。ただし、それだけで終わらず、最後に真言宗を含めたこれらの教えが、究極の覚りに到ることを指し示しています。最後の部分を訳しますと、「覚りよ。幸いあれ。」となりますから、究極の覚りに諸宗を収斂《しゅうえれん》させるように説いたのでしょう。ただ、これでこのマントラの深遠な意味を尽くすことにはならない、と断ってもいます。

空海がサンスクリットも解したことは、この注解にも現れています。また、惚《ほ》れ惚《ぼ》れする次のような詩文の一節もあります。

「行行として円寂に至り
去去《ここ》として原初《げんしょ》に入《い》る
三界《さんがい》は客舎《きゃくしゃ》の如し
一心《いっしん》は是これ本居《ほんこ》なり」

「行行」とは、行き行きてということで、サンスクリット語のガテーガテーの意味です。「去去」もまた、去り去りてということで、ガテーガテーのもう一つの意味を取って詩頌《しじゅ》を作っているのです。意味は次のようになります。

「行き行きて、静寂なる境地に至り。去り去りて、覚りの原点に入る。この世界は旅の宿りのようなものであり、唯一の心こそ本来の拠《よ》り所である。」

わが心をこそ本来の拠り所とするという態度を、私は仏教を学び始めた最初のころから非常に印象深く思ってきました。心こそを拠り所とする、これは宗教なのです。対するにキリスト教は、わが心に語りかける創造主なる神に応答しようとする宗教です。次のような聖書の一節があります。

「力の限り、見張って、あなたの心を見守れ。いのちの泉はこれからわく。」(箴言4章23節)

心からいのちの泉はこんこんと湧《わ》いてくるのだから、この心をこそ見張り、見守れ、と。ヘブル語で心を意味する「レブ」は、人間全体をも意味しています。すなわち、心を持ち、その存在の中心で神のことばを聞く生き物を、人間と見ているのです。

「もう一つの大きな心である神が、語りかけることばを聞く場所が人間の心である。そして、そのような心を持つ存在こそが人間である」というのです。

私の神学校時代の卒論のテーマは、「聖書における心の概念」です。およそ卒業論文とは言い難い代物《しろもの》でしたが、聖書が心をどう見ているかに興味を持っていたので、そのテーマを選んだのでした。

この論文に対し、教会史を専門とする校長の丸山忠孝師から次のように言われたことを覚えています。

「君は卒業後、仏教を勉強するのだから、聖書における心の概念はいいテーマですね。」

仏教がまさに心の宗教であることを踏まえたうえでのコメントをいただきましたが、その意味が分かったのは、佛教大学での学びを進めていってからのことでした。

「これは確かに心の宗教というべき世界だ」と、だんだん分かってきたのです。

般若心経への空海の注解を読みながら、仏教は心の宗教であることを痛感させられました。それはもちろん、般若心経が心を何よりも見つめる経典であることの証《あかし》です。

マントラを唱えるとは、日常生活から滲《にじ》み出てくる不安や苦悩を見つめることです。自分にとっての〈空〉を追い求めることです。そして最後には、涅槃《ねはん》に入ることが目的です。
般若心経は、仏教の深い教えをコンパクトにまとめた、たぐいまれな経典なのです。

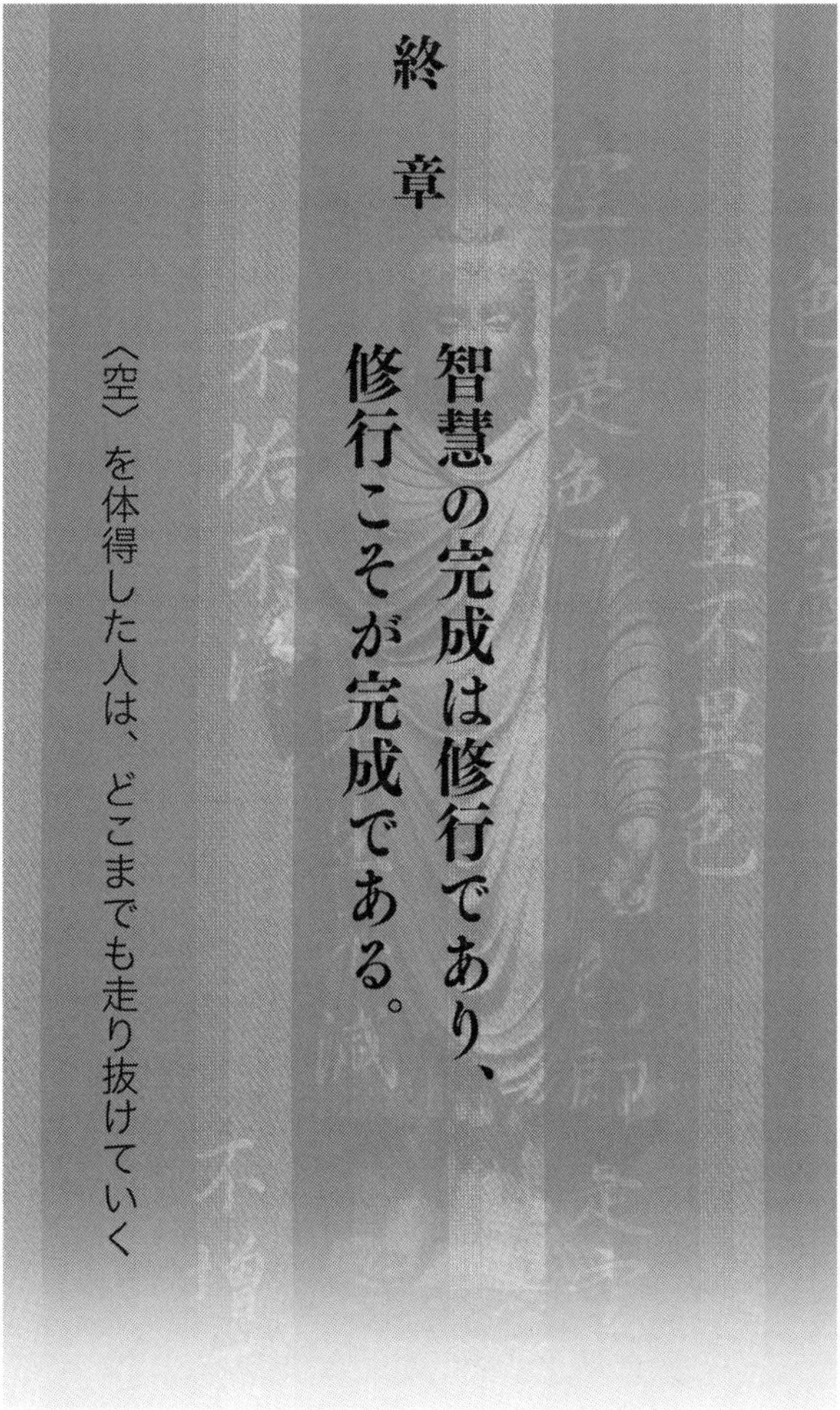

終章

智慧の完成は修行であり、修行こそが完成である。

〈空〉を体得した人は、どこまでも走り抜けていく

◎第九章で解説する経典

般若波羅蜜多心経　唐三蔵法師玄奘訳

観自在菩薩　行深般若波羅蜜多時　照見五蘊皆空　度一切苦厄
舎利子　色不異空　空不異色　色即是空　空即是色　受想行識　亦復如是
舎利子　是諸法空相　不生不滅　不垢不浄　不増不減　是故空中
無色無受想行識　無眼耳鼻舌身意　無色声香味触法　無眼界乃至無意識界
無無明亦無無明盡　乃至無老死　亦無老死盡　無苦集滅道　無智亦無得
以無所得故　菩提薩埵　依般若波羅蜜多故　心無罣礙　無罣礙故　無有恐怖
遠離一切転倒夢想　究竟涅槃
三世諸佛　依般若波羅蜜多故　得阿耨多羅三藐三菩提
故知般若波羅蜜多　是大神呪　是大明呪　是無上呪
是無等等呪　能除一切苦　真実不虚故　説般若波羅蜜多呪　即説呪曰
掲帝掲帝　般羅掲帝　般羅僧掲帝　菩提僧莎訶
般若波羅蜜多心経

ブッダの捨身と、キリストの十字架は「無我」の道

◎地上一七〇メートルから、〈空〉が見えてきた

大阪駅のすぐ近くに、地上一七〇メートルの空中庭園展望台があります。超高層の二棟からなる梅田スカイビルは、五四メートル四方の庭園でつながっています。建設する時は、組み上げた五四メートルの大四角形を、地上から一七〇メートルまで引き上げていったそうです。この空中庭園を地上から見上げると、胸がすくような爽快な気分になりますが、それはコンクリートで囲まれたこんな巨大な空間（仏教では虚空《こくう》という）が、他にはまずないからでしょう。空中庭園に上がってみると、そこにあるべきはずのガラス窓も、落下防止用の金網もなく、三六〇度の生の眺望が広がっています。

吹き渡る風の中で、都会に直立したようなところから大阪の市街を見渡します。びっしりと街を

埋めた不揃いな高さのビル群も、Nゲージ鉄道模型のようなこげ茶色の阪急電車もパステルカラーのJRも、大阪湾に黒々と流れ込む淀川も、街を行き交《か》う米粒のような車も人も、はるかな高みの見物です。夕暮れには、大阪湾に沈む雄大な夕陽の観照《かんしょう》となり、夜になれば、まるで夜景の中に浮き上がって立っているような気分を味わうことができます。シースルーエレベーターで空にスーっと引き上げられていくのも、非日常的な感覚です。

山に登って下界を見下ろすと、あくせくする自分の小ささが馬鹿馬鹿しく思えたりしませんか。しかしここでは、都会の真ん中でいきなり空の中に引き上げられてしまいます。空中から自分の故郷を見渡して、感傷にふけるといった雰囲気ではありません。リアルに市街を全部見せてくれる、これはやはり実益を求めるいかにも大阪商人の作品のような気がするのです。しかし、ひたすら走る自分を空中から大きく見下ろすことができれば、これは儲けものとも言えるでしょう。みなさんは空中庭園展望台から、はたして何が見えるでしょうか。もちろんこれは、大阪に限りません。東京都内には超高層ビルが乱立していますし、ほかの都市でも高層ビルは普通のことになりました。ですから一度、最上階まで昇って、下界を見下ろしてみましょう。心に映ったもの、それが今のあなたです。

ある意味で、般若心経の文句は「これも無い、あれも無い」の無い無い尽くしです。その中には、仏教における人間観を示す色《しき》・受《じゅ》・想《そう》・行《ぎょう》・識《しき》なる五蘊《ごうん》があるし、十二処十八界《じゅうにしょじゅうはっかい》という世界観もあります。また、仏教の根幹をなす教理の苦集滅道《くじゅうめつどう》なる四諦説《したいせつ》や、縁起説《えんぎせつ》も含まれます。もし、これらの概念や教理を文字通り否定しているのだとすれば、般若心経は仏教そのものを否定する経典ということになってしまいますが、もちろん、そんなことはあり得ません。ひとことで言ってしまえば、そのような仏教の根本真理も、固有の本体を持たないということになります。「いかなるものも、実体として存在するのではない。一切は空である」というのが、般若心経の主張です。

地上一七〇メートルから大阪の街を見下ろしてみると、一切は〈空〉であるという般若心経の主張がすんなりと受け止められるように、私には感じられました。「下界」であくせく動いていると見えないものが、これくらい離れると見えてきたりします。確かにそこにはさまざまなものがあり、盛んに動いてもいるのですが、絶対に確実なものは何ひとつないのです。

ほんの六十年ほど前、ここは米軍の大空襲によって焼け野原になりました。今後、いつ再び焼き払われるかもしれません。大地震で街が廃虚になる可能性も否定できないでしょう。そういう儚《はかな》いものとして、この街は今ここにあるのです。それ以上でもないし、それ以下でもありません。「この世に確かなものなど何もない」という般若心経の中心哲学を反芻《はんすう》するのに、空中は絶好の場所と言えます。

◎自分を失う者こそが、自己を得る

般若波羅蜜多心経。この経題をもって、般若心経は締め括られます。本書は、『牧師の読み解く般若心経』として、般若心経と聖書を大づかみにし、経題と本文を区分しながら語らせていただきました。

読者のみなさんは突飛《とっぴ》に思われたかもしれませんが、空中散歩の話をしたのは、般若心経のような古典を読むことが、私には空中散歩のように思えるからです。読み進めるのに難渋《なんじゅう》するような古典と向かい合うことによって、自分がどっぷりと浸かっている空気から自分を引き離すことができます。ちょうど高みの見物をするように、自分自身を見つめ直すことができるのです。日本人にとって古典中の古典と言ってよい般若心経を読むことは、私にとってはまさに空中散歩のようなものなのです。

丸山眞男《まるやままさお》氏は、「古典からどう学ぶか」について、次のようなコメントを遺《のこ》しています。

「古典を読み、古典から学ぶことの意味は、――すくなくとも意味の一つは、自分自身を現代から隔離《かくり》することにあります。『隔離』というのはそれ自体が積極的な努力であって、『逃避』ではありません。むしろ逆です。私たちの住んでいる現代の雰囲気から意識的に自分を隔離することによって、まさにその現代の全体像を『距離を置いて』観察する目を養うことができます。」（『丸山眞男集』第十三巻、岩波書店、一九八六年、二〇頁）

自己の確信に固く立つのが、宗教というものです。誰にとっても、自己の信仰や信心は絶対的です。宗教的な確信は絶対的なものです。それだけに、恐ろしく独善的にもなりやすいという特徴があります。今昔を問わず、宗教戦争が凄惨《せいさん》な様相を呈《てい》するのは、そのためです。だからこそ、時には距離を置いて自己の宗教的確信を突き放して見直してみるのも、宗教者にとっては大切なことだと思います。そのように一度距離を置いてみることによって、自分は何者なのかが初めて見えてくるかもしれません。そんな緊張感といくばくかの期待をもって、私は般若心経を読ませていただきました。これは一牧師の空中散歩の記録です。

私は般若心経を読んでいくうちに、次のような聖書のことばが新たに迫ってきました。

「それから、イエスは弟子たちに言われた。『だれでもわたしについて来たいと思うなら、自分を捨て、自分の十字架を負い、そしてわたしについて来なさい。いのちを救おうと思う者はそれを失い、わたしのためにいのちを失う者は、それを見いだすのです。』（マタイの福音書16章24～25節）

キリストの弟子への招きは、不断に自分というものを失って、自己を崩してキリストに従うことでした。ここでいう「いのち」は自己を意味しますので、キリストに従うために自己を失う者は、逆に自己を得るのだと言っているのです。これは、まさに自己を空ぜられていく生き方そのものではないでしょうか。責任的自由を持つ人格が空ぜられるということは、神の新たな招きに応えるために不断に自己を超越していくことだと思います。聖書そのものがこのような思想を持っていることを、般若心経によって気づかされたことに、私は心から感謝したいと思うのです。

◎般若心経の〈空〉と聖書の「空」は、似て非なるもの

「空の鳥を見なさい。種蒔《ま》きもせず、刈り入れもせず、倉に納めることもしません。けれども、あなたがたの天の父がこれを養っていてくださるのです。あなたがたは、鳥よりも、もっとすぐれたものではありませんか。

あなたがたのうちだれが、心配したからといって、自分のいのちを少しでも延ばすことができますか。なぜ着物のことで心配するのですか。野のゆりがどうして育つのか、よくわきまえなさい。働きもせず、紡《つむ》ぎもしません。

しかし、わたしはあなたがたに言います。栄華を窮《きわ》めた**ソロモン**（イスラエル統一王国第三代の王で、その繁栄した治世は「ソロモンの栄華」と称たたえられ

る。紀元前九九〇年ごろに誕生。九七一年に第二代王であった父ダビデの後を継いで即位。壮大な神殿や王宮の建築を行なった。没後、王国は南北に分裂した。旧約聖書の箴言・雅歌はソロモンの著作とされている。）でさえ、このような花の一つほどにも着飾ってはいませんでした。

きょうあっても、あすは炉《ろ》に投げ込まれる野の草さえ、神はこれほどに装ってくださるのだから、ましてあなたがたに、よくしてくださらないわけがありましょうか。信仰の薄い人たち。

そういうわけだから、何を食べるか、何を飲むか、何を着るか、などと言って心配するのはやめなさい。こういうものはみな、**異邦人**（ユダヤ人から見て、ユダヤ人以外の民族を異邦人と呼ぶ。旧約聖書は神に選ばれた民としてのユダヤ人の歴史を中心軸とし、世界を救う男子の誕生を予言している。ユダヤ人として生まれたイエスが世界の救い主（キリスト）であり、その救いは異邦人にもユダヤ人にも平等に与えられることを、新約聖書は告げている。）が切《せつ》に求めているものなのです。しかし、あなたがたの天の父は、それがみなあなたがたに必要であることを知っておられます。

だから、**神の国とその義**（国とは主権の及ぶ領域であり、神の主権の及ぶところが神の国である。神の国を求めるとは、神を主と仰いで生きること。神の義を求めるとは、神によしとされることを第一に求めることである。）とをまず第一に求めなさい。そうすれば、それに加えて、これらのものはすべて与えられます。だから、あすのための心配は無用です。あすのことはあすが心配します。労苦はその日その日に、十分あります。」

（マタイの福音書6章26〜34節）

これはイエス・キリストが山の上で語った「山上の説教」と呼ばれるものの一部で、比較的世間に知られた聖書のことばでしょう。

般若心経の核にあるのは〈空〉の教えであり、それは大乗仏教の核でもあり、さかのぼってゴータマ・ブッダの教えの核でもあります。「諸行無常《しょぎょうむぎょう》」「諸法無我《しょほうむが》」というゴータマの基本思想が、大乗仏教運動において〈空〉と再提起されたのです。その仏教の空に対して、「空の鳥を見よ」というイエスのことばを紹介しました。

イエスはここで何を言ったのでしょうか。空の鳥のようにのんきに生きればよいなどと、そんなことを言っているのではありません。種蒔きと収穫は当時のユダヤの男たちにとつて、最も仕事らしい仕事でした。男たちは家族を食べさせるために、額《ひたい》に汗して働きました。鍬《くわ》や鎌を握る彼らに、下ばかり向いていないで空を見よ、とイエスは語ったのです。

「今年の収穫は大丈夫だろうか、と心配ばかりしていないで、空を仰げ。そこには、のびやかに鳥たちが生きているではないか。天の父を仰ぎ見よ。そこでは、創造主なる神があの鳥たちを養っていてくださるではないか。

あなたは神に似せて創造された人間である。神のことばを聞き、その心で神に応答できる神の子ではないか。神にとって特別な存在であるあなたを、神は大切にしてくださらないはずがない。空の鳥を見よ。天の父を仰げ。目先のことだけを心配するのはやめよう。空を仰いで鍬をふるおう。天の父に大きく信頼して今日も汗を流そう。」

イエスは、そのように男たちに呼びかけたのです。

一方、般若心経は教えています。

「心を見つめよ。ものに囚《とら》われてはいけない。すべては移り変わってゆくものだから。自分の持ち物にも、もちろん自分自身にもすがり付いてはいけない。そんなものはいつまでもあるものではない。錯覚してはいけない。すべては空であることを、目を醒まして見抜かなければならない」

「**色即是空、空即是色。受想行識、亦復如是**」という経文を思い出してください。

「いろかたち有るものは、空である。空であるものが、いろいろなかたちを持っているのである。それは感受作用も、想像力も、意志も、認識も同じであって、空なのである。だから、それらの集合体である人間は空である。空であるからこそ、ここに人間が成立しているのである。心の中で、この世界は空であることを見究めるのだ。心を見つめよ。」

囚《とら》われのない、のびやかな生き方を志している点において、般若心経の〈空〉とイエスの「空」が似ていることは、すでにお気づきのことでしょう。しかし指向性は、まるで違うのです。般若心経はどこまでも心を指向しています。心のうちに〈空〉なることを見抜くのです。〈空〉なる真理を心につかんで、囚われなく生きていくのです。これに対し、イエスはどこまでも天の父を指向しています。私が生きていることを喜び、祝福しようとされている天の父を仰ぎ、大きく委《ゆだ》ねて生きよう、と言います。空《そら》を仰いで、今日を力強く生きていくのです。

般若心経の〈空〉も、イエスの「空」も結局は同じことを言っているとする、そんな日本人の宗教談義はここでは通じません。仏教もキリスト教も、曖昧《あいまい》さを許さない明確な主張を持っているからです。魂の自由を希求する宗教という点では共通しますが、その心の向いている方向がまるで違います。どこまでも己《おのれ》の心を見つめ、掘り下げていこうとするのが般若心経であり、仏教の指向性です。これに対し、どこまでも天の父の心を仰いで生きようとするのがイエスの主張であり、キリスト教が指向するところです。

似ているようでいて、決定的に違うのですから、そこに緊張感はなくなりません。

私はいい意味での緊張感に耐えながら、キリスト信者として般若心経を読み解こうとしてきました。「いくら完璧を期しても無駄なことだから、今ここでの線を引いて、ものを書くのだ」と、ある人が言っていました。まことに不完全ながら、とにかくここでまとめて、また前に進んでいきたいと思っているところです。

佛教大学の大学院で学んでいた牧師の私に、恩師である梶山雄一先生が言われたことばは、ずっと励ましとなってきました。

「君は仏教とキリスト教と両方を学んで、宗教そのものを深めなさい」

私としては、自分の立つところは先生の言われたのと少し位相が違うように自覚しています。つまり私は宗教研究者ではなく、イエス・キリストに自分を賭けて生きているのですが、仏教という宗教に本気で向かい合うことによって、宗教というものをもっと深めていきたいとは思っています。恩師のことばに励まされて、この歩みをささやかながらも続けていきたいと願っているところです。梶山先生の魅力は、スケールの大きな学者でありながら、どこまでも一人の宗教者としての生き様を見せてくれたことでした。ひとりの人間として生きるとは、権威や地位による虚飾を排するということです。そんなただの人間にすぎない姿を、先生は見せてくださいました。私もどこかで、そんなふうに生きたいと思っているのかもしれません。

先生は一時期、般若心経や空思想に関する著述や講演を立て続けに求められたことがあって、こんなふうに書いています。ほぼ、次のようなことばであったと記憶しています。

「私はいつのまにか空《くう》の専門家ということになってしまって、空についてばかり書いたり、話したりしているうちに、頭が空になってしまった。」

言うのも野暮《やぼ》だと思いますが、最後の「空」はカラと読みます。自分は空の専門家などではない、同じことばかり書いて消耗し疲れてしまったひとりの人間だ、とそんなことを言われているわけです。それが梶山雄一という先生でした。こうしてみると、まさに〈空〉に生きた仏教者であったと改めて思います。

私に牧師として佛教大学で学ぶことを薦めてくれた恩師は、小畑《おばた》進《すすむ》（1928~2009）というキリスト教の牧師でした。

「本を読んでいるだけでは駄目なんだ。お坊さんの学校に入って、そこにいる人を見て来い」

と、私の背中を押してくれたのです。その熱誠に押し出されて、駆け出しの牧師であった二十八歳の私は、京都の佛教大学に通うようになりました。私はそこで確かに梶山雄一というひとりの人を見せてもらったと思います。インドの古典を精確に読み、雄大な思索を展開する学者でありつつ、どこまでも一人の宗教者として、もっと言えば一人の人間として生きておられました。そして、一人の人間として、もう一人の人間である私に向き合ってくれました。あえて言えば、ひとりの小さな人間としての先生の姿に、私は今も尊敬を禁じ得ません。どこまでいっても、私たちはそれ以上のものではないのだということを、私は梶山雄一先生から学んだのだと思います。

私も今、講壇や教壇に立つことになりましたが、どこまでもひとりの人間であることに耐えて、立ち続けたいと思っています。

◎人は「絶対的な存在」によって、空と無我を得る

「エルサレムでの王、ダビデの子、伝道者のことば。
　空《くう》の空。伝道者は言う。
　空の空。すべては空。
日の下で、どんなに労苦しても、
それが人に何《なん》の益になろう。
一つの時代は去り、次の時代が来る。
しかし地はいつまでも変わらない。
日は上《のぼ》り、日は沈み、
またもとの上る所に帰って行く。
風は南に吹き、巡《めぐ》って北に吹く。
巡り巡って風は吹く。
しかし、その巡る道に風は帰る。

川はみな海に流れ込むが、
海は満ちることがない。
川は流れ込む所に、また流れる。
すべての事《こと》はものうい。
人は語ることさえできない。
目は見て飽きることもなく、
耳は聞いて満ち足りることもない。
昔あったものは、これからもあり、
昔起こったことは、これからも起こる。
日の下には新しいものは一つもない。」
（伝道者の書1章1〜9節）

これは「空の空」を訴える旧約聖書・伝道者の書冒頭の文句で、日の下に新しいものは無いのだ、という虚無思想を示しています。それを説《と》くのは、創造主なる神が生の根拠であることを、逆説的に教えるためです。たとえ空《むな》しい日々でも、その事実から目をそむけず、神の御手によるものだと受け入れることを説いているのです。キリスト教信者は、空と言えば、「空の空」を説くこの聖書の言葉に直結する回路を持っています。だから、西欧において仏教の〈空〉は久しく誤解されてきたわけです。

「愛」という用語が、仏教とキリスト教とで意味に大きな落差があることは、これまで何度か触れてきました。〈空〉もまた、両教の間で誤解の生じやすい代表的な用語と言っていいでしょう。

仏教、とりわけ般若心経で説かれる〈空〉は、ゴータマの時代には「諸行無常・諸法無我」と説かれました。仏教の中心となる思想であり、目の前の現象世界に実体と言えるものは何もないという宣言でした。そんな含蓄《がんちく》が込められていることを知らずに、キリスト教徒が〈空〉を単に空《むな》しいことと読んでしまうと、とんでもない誤解が生じてしまうことになります。

〈空〉の同義語と言っていい「縁起」を、思い切って「相対性理論」と訳したのは、ロシアの仏教学者テオドル・シチェルバツキーでした。西洋とインドの哲学に通じたシチェルバツキーは、仏教用語の哲学的な意味を表す翻訳を心がけました。縁起説とは、西洋に通じる用語で表せば相対性理論のことではないかという、発想が実におもしろいではありませんか。〈空〉であるということも、その伝に倣えば、相対性理論であると説明できます。

すべては相対的なものであって、絶対的なものはない。それが仏教の基本的な立場です。

しかし、

「絶対的な創造主がすべてをあらしめた」とする創造論が、キリスト教の原点です。絶対的な神の前で、人間は相対的であることを知ります。ある意味で、それはみずからの〈空〉なることを覚ることです。しかし、それはどこまでも絶対的な創造主の前で覚ることです。ここで、般若心経と聖書は真っ向から切り結びます。妥協なく、対時《たいじ》するのです。そこがまた私は好きなのですが、次のようにいうことは変でしょうか。

宗教を持つ者が向かい合うには、決して譲ることのできない信念を抱く者同士としての緊張感に耐えることが大前提となります。それを抜きにしては始まりません。世間を越える価値を持ち得ないと言われる日本人の一人として、この壁を何とか破っていきたいと思っています。本来、人がひとりの人間として生きるということも、この緊張感に立ってのことでしょう。日本人の軋轢《あつれき》に弱く、権利意識に乏《とぼ》しいという気質も、無宗教であることを是認する精神的風土からくるものなのかもしれません。

私はキリスト教の牧師としての確信は決して譲ることなく、般若心経の本文を尊敬こめて読み解いてきたつもりです。この曰《いわ》く言い難《がた》い緊張感が、読者のみなさんに伝わってほしいと願っています。般若心経を詠《よ》まれる時、このような解釈もあったのかというヒントになればとも思っています。

◎空中を走り抜く。それが修行だ！

「私はキリストとともに十字架につけられました。もはや私が生きているのではなく、キリストが私のうちに生きておられるのです。いま私が、この世にあって生きているのは、私を愛し私のためにご自身をお捨てになった神の御子《みこ》を信じる信仰によっているのです。」

（ガラテヤ人への手紙2章20節）

「キリストと共に私は十字架につけられている。生きてはいないのだ、もはや私は。生きているのだ、私の中にキリストが。いま私が生身《なまみ》の人間として生きているのは、信において生きているのだ。その信とは、私に慈しみを注《そそ》がれ、私のために捨身《しゃしん》してくださった神の子への信である。」

（試訳　ガラテヤ人への手紙2章20節）

先にも引用した箇所なので、今度はパウロの語順がそのまま出るように、また仏教者の方を意識して、あえてこなれていない日本語で試訳をしてみました。「生きる」という動詞が前面に出て、生きていない私と生きておられるキリストとが対比されています。これを「キリストにある無我」あるいは、「キリストにある〈空〉」の境地であると言うことはできないでしょうか。

「生身の人間」と訳したのは、「肉」を意味する用語です。旧約聖書ではバサールというヘブル語で表されますが、弱く脆《もろ》い存在として人間を見るときに使います。パウロは特に道徳的な弱さを持ち続ける人間として、「肉」という用語をよく用いました。敷衍《ふえん》して言えば、こうなります。

「自分は今も生身の人間として生きているのだけれども、もはや私は生きていないと言っていい。このような弱く脆い私に、この上ない慈しみを注《そそ》いでくださった方がいる。その方は、ご自分のいのちを私のために捨ててくださった。今私が生きていると言えるとすれば、それはこの神の子への信ひと筋においてであって、それ以外にはないのである。」

パウロの魂が、そのまま目の前に突き出されるようなことばです。「慈しみを注ぐ」と訳したのは、神の愛を表現するときに使われる動詞がアガパオーですが、それは与えてやまない神の心を表す用語だからです。これを「愛する」と訳すと、仏教用語の「愛」は「欲愛」であるだけに、仏教者や般若心経ファンの方には伝わりにくいと思いました。あまりにイメージが違いすぎるからです。間を取って「慈愛を表す」にしようかとも思いましたが、最終的に、「慈しみを注ぐ」にしました。

「捨身飼虎《しゃしんしこ》」（餓死しかけた七匹の子虎と母虎とを救うために、薩埵王子がわが身を投げ出してその肉を食らわせたという伝説。ブッダの前世物語としてのジャータカの中にあり、中央アジアや中国の壁画に表され、日本では法隆寺の玉虫厨子（たまむしのずし）の台座の漆絵（うるしえ）に見られる。大乗経典の『金光明最勝王経』の『捨身品（しゃしんぼん）』に、最も詳しく記されている。）の物語が、玄奘《げんじょう》がものした『大唐西域記』にも書かれてあります。餓死しそうな七匹の子虎と母虎を救うために、薩埵《さった》王子がわが身を投げ出して食わせたという話です。自分のからだを与える捨身の行として、『金光明最勝王経《こんこうみょうさいしょうおうきょう》』の「捨身品」に詳しく書かれています。法隆寺の玉虫厨子《たまむしのずし》の台座漆絵の中にも、この図が描かれています。

キリストが捨身されたとは、キリスト教用語としてはなじまないものですが、まさにキリストは十字架の上で捨身なさったと言ってよいと思います。罪のない神の子が、十字架の上でいのちを捨てる。その無比の犠牲によって、人間の罪はすべて償われる。キリストのいのちが、信じ仰ぐ罪人に与えられる。パウロがいうように、キリストは「私」にあふれるような慈悲を注がれ、「私」のために捨身をなさったのです。

パウロにとっては、キリストこそわがいのち、わがすべてであり、もはや私が生きているのではないとまで言い切る心境だったのです。それは、「キリストにある無我」、さらには「キリストにある〈空〉」と言っていいのではないでしょうか。パウロのような人は、どこまでいっても自分自身は宗教的な権威者になろうとはしないはずです。また、何事かを成しとげたあと、どこか気持ちが緩《ゆる》んで末節を汚すようなこともしないでしょう。

パウロは晩年、ローマ帝国の都ローマで軟禁状態に置かれ、最後は殉教《じゅんきょう》（信仰のために、いのちを捧げる）します。その牢獄から認《したた》められた手紙がいくつか新約聖書に収められています。その中で、白鳥の歌のように叫んでいる言葉があります。

「私は、すでに得たのでもなく、すでに完全にされているのでもありません。ただ捕えようとして、追求しているのです。そして、それを得るようにとキリスト・イエスが私を捕えてくださったのです。

兄弟たちよ。私は、自分はすでに捕えたなどと考えてはいません。ただ、この一事《いちじ》に励んでいます。すなわち、うしろのものを忘れ、ひたむきに前のものに向かって進み、キリスト・イエスにおいて上に召してくださる神の栄冠を得るために、目標を目ざして一心《いっしん》に走っているのです。」

（ピリピ人への手紙3章12～14節）

晩年にあって、青年のような清新な心を抱いて疾走していったパウロの姿を、私は理想にしたいと思っています。走り続けるこの姿が、宗教者としての完成体であると、般若心経を読みながら改めて教えられたのです。
智慧の完成のエッセンスを説いているのが、般若波羅蜜多心経です。あらゆるものを否定しつつも、智慧の完成なる修行だけは肯定します。完成が修行であり、修行に打ち込めることが完成なのだと教えられたのです。その姿勢は、般若心経のテーマである〈空〉に通じていました。〈空〉を体得した人は、どこまでも走り続けます。風の中を、空中を走り続けるのです。そのことを学びつつ、パウロの成熟した心につなぐことができました。パウロは、キリストにあって空中を疾走したランナーでした。

私は五十歳になって、もう一度新しいことに挑戦してみようと思いました。神学大学の専任教員として、新しい仕事に取り組んでみようと決心したのです。専攻している仏教学や日本の宗教の授業のほかに、牧師としての経験を踏まえて実践的な授業も受け持つようになりました。週の前半は印西《いんざい》市にある東京基督教大学の仕事をし、後半は京都市にある教会の仕事をする生活になりました。『牧師が読みとく般若心経の謎』（旧版書名）を書いてみるようにと編集者からお話をいただいたのは、そんな最中でした。原稿は遅れに遅れてしまいましたが、編集者の忍耐と激励によって何とかここまで書き進めてくることができたことは、感謝の他はありません。

そんな中で、ずっと私の心の中にわだかまっていた思いは、今後どのようにしたら地上の人生の最後までを駆け抜けることができるかでした。自分は未熟ですから、と言える時代はとうに過ぎてしまいました。気がついてみると、若い人を指導する立場に立たされています。私の前には、いくつかの誘惑や危険が待ち構えていることは、重々承知しています。どこかで自分も変節したまま凝り固まった老醜《ろうしゅう》を晒《さら》すのではないか。そんな恐れを抱いている私にとって、河合隼雄《かわいはやお》氏の言われる「中年クライシス」は自分自身に差し迫った問題でした。無理はできなくなった身体を抱え、もうひと山越えようとしている今、最後まで走っていく心を、私は般若心経に教えられたのです。そして、その精神が聖書に脈打っていることにも気づかされたのです。

それは、空中を走り抜くということです。幸いにも生きて五十の坂を越えた私は、この世界は〈空〉なることを見渡して、その空中をまた走っていこうと思っています。牧師である私は、「キリストにありて我無し」の覚悟をもって走っていきます。やがてどこかで死線を突破して、天国に突入するまで、走り抜きたい。空中を走り抜くつもりです。

牧師である私が「般若心経」に学びつつ、空中を走っていると思われたでしょうか。もしそうであれば、あなたの心と響き合えたことを、私はとても嬉しく思います。

ありがとうございました。

初版あとがき（実業之日本社版）

大阪育ちの私が神学校で学ぶために初めて東京に出てきたのは、一九八一年春のことでした。三年間に及ぶ全寮制の神学校時代の息抜きは、神田の古本屋街歩きでした。御茶の水駅を降りて、明大通りを歩いていくと、右手に「山の上ホテル」が見えてきます。「キッチンジロー」という学生街の定食屋で腹ごしらえをして、神田の古本屋街を足が棒になるまで歩いて、文庫本を一、二冊買って帰ったものです。

その「山の上ホテル」の喫茶ルームで、実業之日本社の編集長吉川健一さんと会ったのは三年前のことになります。私は『クリスチャン新聞福音版』に「牧師の般若心経談義」というコラムを連載していたこともあり、クリスチャン新聞の編集者も同行しました。「この連載をもっと一般読者向けに書いてみませんか」と提案され、思い切ってこのお話にお応えしようとしたものの、脱稿するのに足掛け三年もかかってしまいました。吉川さんの忍耐強い励ましとご指導がなければ、書き上げることはとてもできませんでした。心から感謝いたします。

ハワイに高知城を模した、純和風のマキキ聖城キリスト教会があります。現在その日本語部牧師である黒田 朔先生が、私をキリスト信仰に導き、洗礼を授けてくださいました。黒田 朔先生と康子夫人にお礼を申し上げます。

香川県木田郡三木町に、日本長老教会池戸キリスト教会があります。この教会でも牧会をされた小畑 進先生が、私を仏教学の学びに押し出してくださり、東京キリスト教学園での先生の講義を私のような者に任せて、「法然さんが待っているから」と四国に赴かれました。恩師の大きな背中に感謝の他はありません。

京都市北区紫野に佛教大学があります。四国に流罪となった祖師法然の浄土宗に立つ大学です。仏教学を学びたいという牧師に佛教大学は快く門戸を開いてくださり、多くの先生方の厚い学恩を受けました。宗祖法然上人の器の大きさを随所に見せていただきました。心から感謝申し上げます。

紫野から坂を降りると紫竹になりますが、その下緑町に京都聖書教会があります。二十八歳で赴任した私を牧師として育て、牧師の仕事の傍ら仏教研究また神学教育に取り組みたいという私の無理な願いを受け入れ、また励ましてくださった教会員の皆様に、心からお礼申し上げます。

最初に触れた明大通りにお茶の水クリスチャンセンターがあります。その五階にある「いのちのことば社出版事業部」（現在は中野に移転）の編集者中野晶正さんから、「牧師の般若心経談義」連載のお話をいただき、三年間お世話になりました。そして、そのコラムを敷衍させて一般書として書くことを応援してくださいました。謝意を表したいと思います。

大阪府南部の岸和田市郊外に、岸和田市営流木墓苑があります。ここには岸和田高校バスケットボール部員として週に一度、トレーニングで走ってきていました。父幾雄の死後、その一角に父が晩年好んで書いた「雄心」という書を刻んだ墓石を、兄弟で建てました。この墓は父を記念する大切な場所です。私を息子として育ててくれ、志す道に進ませてくれた父に、この本を捧げたいと思います。

二〇〇七年五月

大和昌平

新版あとがき

ＩＴ書籍元年の今年、出版業界はいよいよ厳しい時代に突入しました。新刊本の多くは半年もたずに四か月で「死ぬ」という業界の話を聞きました。倉庫にストックしておくことができず裁断されるのです。『牧師が読みとく般若心経の謎』が二年半生き延びたのは、「いい方なのだ」と編集者から慰めを受けたしだいです。

この二年半の間に別れがあり、出会いがありました。昨春、二五年間牧師として務めた京都聖書教会を辞任し、山紫水明の京都を離れました。結婚して本籍を教会の住所とし、新米の牧師として歩み出した私と家族をいつも応援してくださった京都聖書教会の方々との別れは、思った以上に大きいものでした。そして、東京基督教大学のある千葉県印西市に住み、学生や同僚の教職員の方々との新しい出会いが与えられました。夕焼けが大きな空に滲み、富士山をはるかに遠望する関東平野は広大です。

古希を迎えられた共通の恩師である宮村武夫先生の著作編集委員会に入れていただいたことで、株式会社ヨベルの安田正人社長との知遇も得ました。本郷にある会社を訪ね、「死んだ」拙著をキリスト教書として再生させていただく話をすることができました。

昨夏、牧師職を引退されて奈良に住まわれていた恩師の小畑 進先生を訪ね、東洋思想関係の書籍に囲まれて正座される書斎に入らせていただきました。机上にはアウグスティヌスにおける悪の問題に取り組まれた、書きかけの最後の論文が開かれていました。その秋、先生は八十一歳で天に召され、遺された蔵書は御遺族から東京基督教大学に寄贈されました。終世牧師として情熱を傾けて読み込まれた先生の蔵書とこうして出会い、今ずっしりとした重みを感じています。

二〇一〇年一〇月　研究室にて

大和昌平

॥ नमः सर्वज्ञाय ॥

एवं मया श्रुतं। एकस्मिन्समये भगवान्राजगृहे विहरति स्म गृध्रकूटे पर्वते महता भिक्षुसंघेन सार्धं महता च बोधिसत्त्वसंघेन । तेन खलु समयेन भगवान्गंभीरावसंबोध नाम समाधिं समापन्नः। तेन च समयेनार्यावलोकितेश्वरो बोधिसत्त्वो महासत्त्वो गंभीरायां प्रज्ञापारमितायां चर्यां चरमाण एवं व्यवलोकयति स्म। पंच स्कंधास्तांश्च स्वभावशून्यं व्यवलोकयति। अथायुष्माञ्छारिपुत्रो बुद्धानुभावेनार्यावलोकितेश्वरं बोधिसत्त्वं महासत्त्वमेतदवोचत्। यः कश्चित्कुलपुत्रो गंभीरायां प्रज्ञापारमितायां चर्यां चर्तुकामः कथं शिक्षितव्यः। एवमुक्त आर्यावलोकितेश्वरो बोधिसत्त्वो महासत्त्व आयुष्मंतं शारिपुत्रमेतदवोचत्। यः कश्चिच्छारिपुत्र कुलपुत्रो वा कुलदुहिता वा गंभीरायां प्रज्ञापारमितायां चर्यां चर्तुकामस्तेनैवं व्यवलोकयितव्यं । पंच स्कंधास्तांश्च स्वभावशून्यान्समनुपश्यति स्म। रूपं शून्यता शून्यतैव रूपं। रूपान्न पृथक् शून्यता शून्यताया न पृथग्रूपं। यद्रूपं सा शून्यता या शून्यता तद्रूपं। एवं वेदनासंज्ञासंस्कारविज्ञानानि च शून्यता। एवं शारिपुत्र सर्वधर्मा शून्यताकक्षणा अनुत्पन्ना अनिरुद्धा अमला विमला अनूना असंपूर्णाः। तस्मात्तर्हि शारिपुत्र शून्यतायां न रूपं न वेदना न संज्ञा न संस्कारा न विज्ञानं। न चक्षुर्न श्रोत्रं न घ्राणं न जिव्हा न कायो न मनो न रूपं न शब्दो न गंधो न रसो न स्प्रष्टव्यं न धर्माः। न चक्षुर्धातुर्यावन्न मनोधातुर्न धर्मधातुर्न मनोविज्ञानधातुः॥ न विद्या नाविद्या न क्षयो यावन्न जरामरणं न जरामरणक्षयः। न दुःखसमुदयनिरोधमार्गा । न ज्ञानं न प्राप्तिर्नाप्राप्तिः।

तस्माच्छारिपुत्र अप्राप्तित्वेन बोधिसत्त्वानां प्रज्ञापारमितामश्रित्य विहरति चित्तावरणः। चित्तावरणनास्तित्वादत्रस्तो विपर्यासातिक्रांतो निष्ठनिर्वाणः।

त्र्यध्वव्यवस्थिता सर्वबुद्धाः प्रज्ञापारमितामाश्रित्यानुत्तरां सम्यक्संबोधिमभिसंबुद्धाः। तस्माज्ज्ञातव्यः प्रज्ञापारमितामहामंत्रो महाविद्यामंत्रो ऽनुत्तरमंत्रो ऽसमसममंत्रः सर्वदुःखप्रशमनमंत्रः सत्यममिथ्यत्वात् प्रज्ञापारमितायामुक्तो मंत्रः। तद्यथा। गते गते पारगते पारसंगते बोधि स्वाहा॥ एवं शारिपुत्र गंभीरायां प्रज्ञापारमितायां चर्यायां शिक्षितव्यं बोधिसत्त्वेन। अथ खलु भगवान् तस्मात्समाधेर्व्युत्थायार्यावलोकितेश्वरस्य बोधिसत्त्वस्य महासत्त्वस्य साधुकारमदात्। साधु साधु कुलपुत्र एवमेतत्कुलपुत्र। एवमेतद्गंभीरायां प्रज्ञापारमितायां चर्यं चर्तव्यं यथा त्वया निर्दिष्टमनुमोद्यये

सर्वतथागतैरर्हद्भिः सम्यक्संबुद्धैः। इदमवोचद्भगवानानंदमना आयुष्मा ञ्छारिपुत्र आर्यावलोकितेश्वरश्च बोधिसत्त्वो महासत्त्वः सा च सर्वावती पर्षत्सदेवमानुषासुरगंधर्वश्च लोको भगवतो भाषितमभ्यनंदन्निति॥

प्रज्ञापारमिताहृदयसूत्रं समाप्तं॥

44 ～ 46 頁に試訳を掲載しております。

典拠は以下のとおりです。

http: // www.dahrmamemphis.com/PDF/heart_sutra_sanskrit.pdf

著者略歴：大和昌平（やまと・しょうへい）
東京基督教大学特任教授　副学長（教育学生支援担当）・神学部長（http://www.tci.ac.jp）。
1955 年、大阪市生まれ。関西大学法学部、東京基督神学校、佛教大学大学院博士課程満期退学（仏教学研究科、文学修士）。
日本印度学仏教学会員、日本思想史学会員、比較思想学会員、他。
福音交友会・京都聖書教会牧師を 25 年間務め、2009 年より福音交友会派遣教師として現職。

主な著訳書：
新書判『牧師の読み解く般若心経』（ヨベル、2015）
『追憶と名言によるキリスト教入門』（ヨベル、2012）
『牧師の読み解く般若心経』（ヨベル、2010）
『牧師が読みとく般若心経の謎』（実業之日本社、2007）
ケンプ著『世界の宗教ガイドブック』監訳（いのちのことば社、2015）

YOBEL 新書 059

新装版 牧師の読み解く般若心経

2015 年 10 月 9 日 初版発行
2020 年 6 月 1 日 新装版初版発行
2021 年 4 月 1 日 新装版 2 版発行

著　者 ── 大和昌平
発行者 ── 安田正人
発行所 ── 株式会社ヨベル　YOBEL, Inc.
〒 113-0033 東京都文京区本郷 4-1-1　菊花ビル 5F
TEL03-3818-4851　FAX03-3818-4858
e-mail：info@yobel.co.jp

DTP・印刷 ── 株式会社ヨベル

配給元─日本キリスト教書販売株式会社（日キ販）
〒 162 - 0814　東京都新宿区新小川町 9 -1
振替 00130-3-60976　Tel 03-3260-5670

 ISBN978-4-909871-17-6 C0216

【本のひろば 書評再録・二〇一六年一月号掲載**】** 大和昌平著『牧師の読み解く般若心経』

とても分かり易い仏教の入門書であり、優れたキリスト教入門書

評者・**村上英智氏**

私は真言宗智山派（総本山は京都にある智積院）に属する寺院の住職です。真言宗の経典はたいへん多く根本経典の「大日経」「金剛頂経」、常用（毎日読む）経典の「理趣経」、節をつけて読む「声明《しょうみょう》」、梵字（インドの字）で書かれた「真言」などです。しかし、般若心経はご多分にもれず、本宗派でも最も読まれる経典の一つであります。四国八十八カ所の遍路でも本堂と大師堂の前では、必ずと言っていいほど般若心経を読む声が聞こえます。大和昌平先生がおっしゃるように日本人が最も良く唱えるお経であろうと思います。

さて、たいへん失礼な話ですが、大和昌平先生は全く初めて知る方で、当然のことながらその著作に接したことはありませんでした。この度、先生の『牧師の読み解く般若心経』を手にしたとき、難しい文章なのかな、と不安を感じたのは確かです。実際に読み進むと、平易な文章で難解な用語もわかりやすく実例を挙げながら説明がされているので、理解しやすいものでした。また文章には丁寧さと優しさが十分に感じ取れ、読者の理解が進むよう配慮されているのがわかります。文章は良く著者の人柄をあらわすこと

が多いのですが、この本を通して大和先生の誠意あるお人柄と優しい口調が聞こえてくるようで、たいへん親しみやすい本だと感じました。私は、住職を拝命してまだ五年、いわゆる駆け出しの住職です。また、僧侶としての研鑽も不十分で、恐ろしいことに真言宗の教義について不勉強なことも多い、誠に至らない僧です。大和先生のようなキリスト教・仏教に対して深い見識をお持ちの方の著書を評するなど、恐れ多いことでありますが、私の感じたことについて失礼ながら書きたいと思います。

この本はいくつかの特徴がある、と感じました。

第一は、第一章から第三章まで、とても分かり易い仏教の入門書であることです。仏陀や玄奘三蔵などについて、歴史や仏教説話に基づき解説がなされています。仏教の基本用語についても同様なことがいえます。たとえば三蔵などは、歴史書や物語にしばしば登場する歴史用語ですが意外に知られてない面があります。大和先生は「経はゴータマの悟り」「律は共同生活の規則」「論は注釈書」など初めて仏教書に接する人が読んでも、分かり易く説明されています。先生の仏教に対する深い理解がうかがえます。また六波羅蜜の実践を通して悟りの「智慧」の完成に至るのが仏教であり、それ故に仏教は修行に始まる宗教である、という言葉には、思わず首を縦に振りました。この本は仏教の起源から般若心経の本質に迫ろうとするものであるということがよくわかります。

第二は同じ第一章から第三章についてですが、優れたキリスト教入門書であります。キリスト教の根本が「神」「罪」「救い」というのはたいへん分かり易い言葉です。また、聖書についても旧約聖書、新約聖書について丁寧に説明がされています。仏教徒としてたいへん新鮮に感じたのは、仏典は開かれた聖典、聖書は閉じられた聖典、という言葉です。最初に触れたように真言宗にはたくさんの経典があります。その他法要のやり方を説明したもの、仏具の配置を指示したものなど元々経典に書かれていたものです。何の不思議もなく扱ってきましたが、びっくりしました。私がこの本で最も感動したのは八五頁です。「神の愛」という言葉は世界史や倫理学の教科書には頻出します。かつて高校の教員であった私は何の理解もなく授業で扱ってきました。人間の堕落が神に背を向け自分が神であると錯覚することで始まった。神はそれを救おうとキリストを人間界に送られた。真の神を憎悪する人間は、十字架にかけた。私はこの文章を読み「神の愛」にほんのわずか触れた気持ちがしました。私はキリスト教の結婚式に参加したとき、聖書の言葉を聞いたことがありましたが、この本に引用された言葉には新鮮さを感じました。「言葉は力」ということを十分学びました。なお、この部分に関し仏教経典の「懺悔《さんげ》の文」で「我昔より作る所の諸々の悪行《あくごう》は、皆無始の貪瞋癡《とんじんち》に由る身語意依り生ずる所なり（私はこれまで様々な過ちを犯してきました。それは計り知れない過去からの積み重ねてきた自らの『むさぼり』と『いかり』と『おろかさ』によるものであります：の意）」と言っています。キリスト教で言うところの「罪」の概念と近いとかんじました。

第三に本書は上質な般若心経の解説書です。第一章から第三章までの仏教の基礎知識に経っているのでたいへん分かり易い内容となっています。また、十二処十八界や五蘊、十二支縁起などは図解され、分かり易い解説がなされ、理解が格段に進むと思います。十二支縁起の分類は、思わず感じ入りました。我々真言宗での般若心経の解説は、もっぱら宗祖弘法大師著作の『般若心経秘鍵』によります。その中で弘法大師は、心経の心は「心呪」の意味だとし、密教の経典として位置づけています。当然のことながら、最初から難しい密教用語が並ぶことになります。私は学生時代総本山にて研修していた折、般若心経の授業も受けました。今回書評を書くにあたり、約四十年ぶりにそのときのノートを読み返しましたがちんぷんかんぷんでした。また、総本山智積院より配布された教化資料の中に般若心経の解説がありましたので読んでみましたが、同じようになかなか理解できませんでした。しかし、大和先生の著書を読んだあと、これらを読んでみるとノートの内容や教化資料とも、良く理解できました。先生の深い学識に驚いた次第です。また私の不勉強をたいへん恥じいった次第です。

先生は、仏教の「空」とキリスト教の「空」は全く違う、とおっしゃっております。仏教の「空」はまさに悟りの境地です。昨年、開創千二百年の四国八十八箇所霊場を檀家の人たちと遍路しました。本当は歩き遍路がいいのですが、時間と費用の関係でバスで廻りました。しかし、交通事情が格段に良くなって現代でも難所は存在します。四国八十八ヶ所二十四番最御崎寺は室戸岬突端。その急な崖の下にみむろ洞があります。弘法大師はそこで行を行い満願の日に明けの明星が口に飛び込み、悟りを開いた、と言われています。そこに寄った際こんな崖を毎日降りて登ったのか、と驚きました。洞窟の中から外を見たとき、目に入ったのは青い空と青い海でした。弘法大師空海はその様子を見て『空海』と名乗ったそうです。空海も天を見ていたとすれば、イエス・キリストの天上界と繋がっているかもしれません。

残念ながら、我々仏教とキリスト教はその教義上相当に違っています。しかし宗教は生きとし生けるものを幸せにする責務があることでは、同じであると思います。大和先生の限りない愛情を感じるときそれを一層自覚するものです。このような本に出会えた縁を大事にしたいと思います。最後に経文の最後にお唱えする普回向を持って終わりにしたいと思います。「願わくは此の功徳を以て普く一切に及ぼし、我らと衆生と皆共に仏道を成ぜんことを。」

二〇一五年十月　（むらかみ・ひでさと＝真言宗智山派　医王山安楽寺住職）

【本のひろば 書評再録・二〇二一年二月号掲載**】**

般若心経は日本人のこころをとらえてきた。

評者・**島田裕巳氏**

仏典の数は膨大で、量が多いものが少なくない。そのなかで、般若心経は異色の仏典でもある。なにしろ262文字しかないからだ。しかも、一般の仏典は、「如是我聞（私は釈迦の説法を次のよううい聞いた）」ではじまるが、般若心経にはそれがない。

般若心経のなかに出てくる「色即是空 空即是色」の文句は人口に膾炙している。多くの人は、般若心経と聞いて、これを思い浮かべる。あらゆるものは空である。そこにこそ仏教の本質があると、日本人は考えてきた。

その般若心経をキリスト教プロテスタントの牧師が「読み解く」というのは非常に興味深い試みである。

しかも著者は、牧師になると同時に、佛教大学の仏教学科で仏教を学んでいる。生半可な態度で般若心経と相対しているわけではないのである。

著者は、牧師として仏典を解読していく試みについて、「私はキリスト教の牧師としての確信は決して譲ることなく、般若心経の本文を尊敬をこめて読み解いてきた」と述べている。

キリスト教の教えと仏教の教えは根本的に異なるものであり、両者は対立する。はっきりしているのは、キリスト教徒でありながら、仏教徒にはなれないことである。

では、著者はどのような姿勢で臨んでいるのだろうか。また、なぜ牧師でありながら、仏教を学び、般若心経を読み解いていく必要があるのだろうか。

おそらくそこには、日本という社会においてキリスト教の占める位置が関係しているであろう。日本はキリスト教国ではない。キリスト教が取り入れられて500年近くの歳月が流れたものの、信者の数は決して多くはない。人口の1パーセント程度にとどまっている。

一方、同じ外来の宗教である仏教は、日本での歴史はキリスト教より1000年長いという点はあるものの、すっかり社会に定着している。どうしてそこに差が生まれたのか。それを理解できなければ、牧師として日本人に福音を伝えることは難しい。それだけではない。著者は、土着の神道とともに仏教が根づいた日本の社会に生まれ、そこで生きてきた以上、直接間接に仏教の影響を受けている。それは、こころのありように多大な影響を与えてきたであろう。

そうしたこころを持ちながら、キリスト教を受け入れるとはいかなることなのか。また、本当にそれは可能なことなのか。著者が神学校の卒論で、「聖書における心の概念」というテーマを選んだ背景には、そうしたことがあるはずだ。

日本人のこころについて考えるには、こころのあり方を問題にする般若心経ほど格好のテキストはない。しかし、神という究極の有から出発するキリスト教と、すべてを空としてとらえるこころから出発する仏教とは根本的に対立する。その対立をどう止揚していくのか。本書は、その難問に対する著者の格闘の軌跡であるとも言える。

そこから見えてくるのは、一方では同じ宗教としてのキリスト教と仏教との共通性である。しかし同時に、もう一方では、両者の根本的な異質性が浮かび上がってくる。

その異質性をいかに乗り越えるのか。著者が空を説く般若心経を読み解いてたどり着いたのは、パウロのこころのありようだった。パウロはキリストと出会うことで、信仰の本質を知り、自己という枠を乗り越えていく道を見出した。それこそが空ではないか。著者は、そう語りかけているように思える。

（しまだひろみ＝宗教学者、作家）